印度佛教史概说

[日本]佐佐木教悟　高崎直道　井野口泰淳　塚本启祥　著

杨曾文　姚长寿　译

作者介绍

佐佐木教悟（1915—2005），本书作者之一和最后统稿者。1942年毕业于大谷大学，1944年至1946年曾在泰国留学，研究南传佛教，历任大谷大学副教授、教授，退休后任该大学名誉教授，著有《戒律与僧伽》《上座部佛教》《印度佛教》等，编有《戒律思想的研究》等。

高崎直道、井野口泰淳、塚本启祥三位教授，曾分别在东京大学、龙谷大学和东北大学从事印度佛教的研究和教学。

译者介绍

杨曾文教授，1939年生于山东省即墨县（现为青岛市即墨区）。1964年毕业于北京大学历史系。现为中国社会科学院荣誉学部委员、世界宗教研究所教授、博士生导师；2003年4月至2010年4月任中国佛教文化研究所所长。长年从事中日两国佛教史研究，著有《中国佛教史》第1-3卷（任继愈主编，共著）、《日本佛教史》《唐五代禅宗史》《宋元禅宗史》《隋唐佛教史》《佛教知识读本》；校编《敦煌新本六祖坛经》《神会和尚禅话录》《临济录》；译著《日本佛教史纲》（村上专精著）、《印度佛教史概说》（合译）；论文277篇。1999年获日本东洋哲学研究所"东洋哲学学术奖"，2002年所著《唐五代禅宗史》获第四届中国社会科学院优秀成果二等奖，2017年获汤用彤学术奖。

姚长寿教授，1945年出生于上海。1968年毕业于南京大学中文系，1996年获日本佛教大学博士学位。曾任中国佛教文化研究所副所长、中国佛教图书文物馆馆长，中国佛学院副院长、教授。曾开设《华严学概论》《华严五教章讲读》《中国佛教史》《净土学概论》《四帖疏讲读》《净土论研究》《佛教研究法》等课程，是华严学、净土学研究生的指导教授。著译有《中国佛教石经的研究》（合著）、《七寺古逸经典研究》（合著）、《印度佛教史概述》（合译）等，论文数十篇。

(一九九〇年五月三日収到)

拝啓
そののちは失礼していますがお変わりもなくお元気でお過ごしですか
さて先日は復旦大学出版社刊の楊曽文・姚長寿訳『印度佛教史概説』四部をご恵贈くださいましてまことにありがとうございました深く御禮を申しあげます
頁数は少なく小冊子ではありますが、専門的な術語もありこの譯業はご苦労のことであったと思います
先生の署名がしてありましたので他の三部はそれぞれ三人の教授宛に送りました
先ずはとりあえず書物受領の報告かたがたお礼の言葉まで末筆ながら先生のご健康と今後の一層のご活躍を念じあげます

敬具

平成二年四月二十一日

佐々木教悟

楊曽文先生

追伸
共訳者の姚長寿先生にもよろしくお伝え下さい

作者佐佐木教授的信

杨曾文先生：

别后久疏联系，想必一切未变，身体健康吧？前些日子收到惠赠由先生和姚长寿合译、复旦大学出版社出版的《印度佛教史概说》四本，十分感谢。此书虽是页数很少的小册子，然而因为有专业术语，可以想象翻译是很辛苦的。

有先生署名的另三本书已经给其他三位教授送去了。

谨此先就收到赠书致以谢意。

最后，祝先生身体健康，今后更加活跃。

平成二年四月二十一日
佐佐木教悟　敬上

另：请代向共译者姚长寿先生致意。

目　录

中译本初版前言 ………………………………………… 1
中译本再版前言 ………………………………………… 1
《佛教史概说·印度篇》序 …………………………… 1

第一章　序说 ………………………………………… 1
　一、地域的特点 ……………………………………… 1
　二、风土的特质 ……………………………………… 2
　三、人种的复杂性 …………………………………… 3
　四、印度的宗教思想 ………………………………… 3

第二章　古代印度的社会和宗教 …………………… 5
　一、雅利安人侵入印度 ……………………………… 5
　二、吠陀文学 ………………………………………… 6
　三、梵书宗教和种姓制的形成 ……………………… 7

四、奥义书的哲学 ………………………… 8
　　五、都市的发展 …………………………… 9
　　六、社会构成的变化 ……………………… 10
　　七、沙门和婆罗门 ………………………… 11
　　八、六师外道 ……………………………… 12

第三章　乔达摩·佛陀 ……………………… 14
　　一、佛传文学和资料的价值 ……………… 14
　　二、从诞生到出家 ………………………… 15
　　三、修定和苦行 …………………………… 16
　　四、成道和觉悟的内容 …………………… 17
　　五、初转法轮 ……………………………… 19
　　六、对弟子的教化 ………………………… 20
　　七、涅槃 …………………………………… 22
　　八、佛灭年代 ……………………………… 23

第四章　初期的佛教教团 …………………… 25
　　一、僧伽的成立 …………………………… 25
　　二、比丘生活方式的变化 ………………… 26
　　三、僧院的发达 …………………………… 27
　　四、戒律体系的形成和僧伽的构成 ……… 28
　　五、教义纲领 ……………………………… 30

六、第一次结集 ………………………………… 31
七、第二次结集 ………………………………… 32
八、关于根本分裂的传说 ……………………… 33
九、根本分裂的实情 …………………………… 35

第五章　孔雀王朝时代佛教的发展 ……………… 37
一、统一国家的出现 …………………………… 37
二、阿育王法敕 ………………………………… 38
三、阿育王的业绩 ……………………………… 40
四、第三次结集 ………………………………… 41
五、传教师的派遣 ……………………………… 42

第六章　印度·希腊王朝与佛教 ………………… 45
一、孔雀王朝没落后的印度 …………………… 45
二、毁佛之王普沙密多罗 ……………………… 46
三、印度的希腊人 ……………………………… 46
四、弥兰陀与佛教 ……………………………… 47
五、《弥兰陀王问经》 ………………………… 48
六、希腊人与佛教信仰 ………………………… 49

第七章　塞种·帕赫拉瓦时代佛教诸部派的动向 ……… 50
一、塞种·帕赫拉瓦人入侵印度 ……………… 50

二、希腊化的塞种·帕赫那瓦人 …………… 51
三、塞种·帕赫拉瓦人皈依佛教 …………… 52
四、佛教部派的展开 …………… 53
五、三藏的成立 …………… 57
六、佛教石窟寺院的出现 …………… 60

第八章 贵霜王朝和说一切有部佛教 …………… 62
一、贵霜入侵印度 …………… 62
二、迦腻色迦王皈依佛教 …………… 63
三、说一切有部的发展 …………… 65
四、犍陀罗美术 …………… 68

第九章 印度教的形成和大乘佛教 …………… 69
一、婆罗门势力的动向 …………… 69
二、印度教的形成 …………… 70
三、大乘佛教的兴起 …………… 73
四、初期大乘经典 …………… 74

第十章 娑多婆汉那王朝和佛教 …………… 80
一、南印度的形势 …………… 80
二、龙树 …………… 82
三、空的论证法与中道 …………… 82

四、大乘佛教的综合 …………………………………… 84

　　五、龙树的后继者们 …………………………………… 85

第十一章　笈多王朝时代的佛教 …………………………… 86

　　一、印度的再统一 ……………………………………… 86

　　二、佛典的梵语化 ……………………………………… 87

　　三、说一切有部和经量部 ……………………………… 88

　　四、大乘经典的新倾向 ………………………………… 89

　　五、如来藏思想 ………………………………………… 90

　　六、瑜伽师与唯识思想 ………………………………… 91

　　七、唯识学说的系统化 ………………………………… 93

第十二章　笈多王朝分裂后的佛教 ………………………… 96

　　一、哒哒的侵入 ………………………………………… 96

　　二、如来藏思想的命运 ………………………………… 97

　　三、瑜伽行派 …………………………………………… 98

　　四、中观学派 …………………………………………… 99

　　五、逻辑学的发展 ……………………………………… 100

　　六、大乘两大学派的命运 ……………………………… 101

第十三章　波罗王朝和密教 ………………………………… 103

　　一、波罗王朝以前的印度 ……………………………… 103

二、波罗王朝治下的东印度 …………… 105
　　三、密教的特点 …………………………… 106
　　四、真言乘 ………………………………… 108
　　五、波罗王朝初期的论师 ………………… 109
　　六、金刚乘 ………………………………… 110
　　七、时轮乘 ………………………………… 112

第十四章　伊斯兰教徒的侵入和佛教的灭亡 ………… 113

第十五章　近代印度的佛教复兴运动 …………………… 116
　　一、佛教空白的时代 ……………………… 116
　　二、达磨波罗的大菩提会 ………………… 118
　　三、安培克的新佛教运动 ………………… 119
　　四、日本山妙法寺大僧伽的活动 ………… 121

印度佛教徒数目 ………………………………………… 122
附录一　印度佛教美术的发展 ………………………… 124
附录二　印度佛教向周围地区的传播 ………………… 130
年表 ……………………………………………………… 142
参考文献 ………………………………………………… 147

中译本初版前言

杨曾文

日本自明治维新以后,积极引进西方文化,在佛教研究方面也发生了新的变化。日本老一辈佛教学者南条文雄(1849—1927)、高楠顺次郎(1866—1945)、荻原云来(1869—1937)等人都曾留学欧洲,学习梵文和宗教学,回国后运用西方社会学和语言学方法研究佛教,在编纂佛教丛书、辞书,翻译梵文、巴利文佛教典籍,开展佛教研究等方面,做了大量开创性的工作。此后,木村泰贤(1881—1930)、宇井伯寿(1882—1963)以及赤沼智善(1885—1937)和山口益、宫本正尊、中村元、平川彰、前田惠学等,对印度佛教做了比较系统的研究,在佛教的起源、原始佛教、部派佛教、大乘佛教、佛教人物、佛教典籍等方面,做了深入研究,取得了很多成果。他们的研究著作,形式多种多样,既有学术性很强的专著、论文,也有佛教辞书、目录、原典翻译和很多普及性的教科书、小册子。

我国过去对日本的佛教研究著作翻译和介绍得很少,今后如能有计划地组织翻译介绍,对于我国学者借鉴和吸收日本学术界的研究成果,促进佛教史研究的开展,将有十分重要的意义。

我们这次翻译的由佐佐木教悟、井野口泰淳、高崎直道、塚本启祥四人著的《印度佛教史概说》(原题《佛教史概说·印度篇》),诚如作者在序中所说的那样,这是一部为开始研究印度佛教的人写的"概说书",也可以看作是研究印度佛教的入门书和教科书。全书虽篇幅不大,但所介绍的内容十分充实,在章节结构上也比较严紧,论述井井有条,确实是一部有份量的著作。

综观此书,有以下三个主要特色:

一、从整体上介绍了印度佛教的起源、发展、衰落和灭亡的全过程。在介绍原始佛教、部派佛教和大乘佛教等不同发展阶段的佛教时,既注意从横的方面考察佛教与婆罗门教(后演变为印度教)及其他宗教、佛教内部各派别之间的相互关系和影响,又注意从纵的方面考察佛教内部前后阶段在演变中的承接关系,找出它们之间的同异之处。本书对不同阶段的佛教和各个佛教流派的基本经典、教义,都有概要的介绍,从而使读者对印度佛教发展史产生一个完整的印象。四位作者都是长年从事印度佛教研究和教学的学者,他们的论述虽简要而不使人感到空泛,在对某些问题的论证介绍中,如佛教的起源,原始佛教的基本教义,部派的形成和分布情况,大乘佛教兴起的原因,中观派、瑜伽行派和密教的基本经典及教义等,都比较深入,提出了许多中肯的结论。可以认为,本书比较集中地反映了近代以来日本对印度佛教的研究成果。

二、本书在论述印度佛教的发展时,比较重视考察不同时期佛教与社会历史背景的关系。例如为了介绍佛教的起源,首先考察了印度的地理环境、社会状况、婆罗门教和反婆罗门教的宗教流派的情形,然后才对当时"沙门"思潮之一的佛教进行论述。再如在对大乘佛教及其诸派的起源的介绍中,既考察了在家佛教信徒和出家的僧侣在其中所起的巨大作用,也介绍了贵霜、笈多以及波罗诸王朝的社会情况和宗教政策。这种介绍,使人对佛教发展的历史性和逻辑性的一致,容易理解。

三、本书虽是概说,所引证的原始资料较少,对有的问题只是介绍研究所得出的结论,但由于对在印度佛教发展史上有重大影响的著作都有或多或少的介绍,仍给人以资料翔实的感觉。书后所附《印度佛教美术的发展》《印度佛教向周围地区的传播》,可看作是对本书内容的补充。采用一般历史与佛教历史对照的形式编成的"年表",以及分类汇编日本国内外有关专著、论文以及原典目录达三百四十多种的"参考文献",对了解和研究印度佛教史都有很大的参考价值。

本书存在的不足之处是由于过于简要而带来对某些问题的论证不够充分,有些地方只是提出了问题,而没有展开具体的论证。然而这对于任何一种概说或大纲性质的书来说,几乎都是不可避免的。

作为本书作者之一和最后统稿者的佐佐木教悟,生于

1915年，毕业于大谷大学。1944年至1946年曾在泰国留学，研究南传佛教，1962年任大谷大学副教授，退休后任该大学名誉教授，著有《戒律与僧伽》《上座部佛教》，编有《戒律思想的研究》等。另外三位作者井野口泰淳、高崎直道、塚本启祥，分别是龙谷大学、东京大学和东北大学的教授，主要从事印度佛教的研究和讲授。

本书自1966年由日本平乐寺书店初版发行以来，一直深受学术界的欢迎，至1983年累计印刷达二十次之多。这次翻译所用的就是第二十次的印本。

在翻译中，我们按照原书的格式，凡是用拉丁文字拼写的梵文和其他文字，一律用括弧附在译文后面，以供参考；原文中用日本外来语拼写的佛教人名、地名和词语，凡佛教经典或国内已发表的著作中翻译过的，选择通用译法译出。对确实查不到的，便按发音译出；书后所附"参考文献"，一律按原文抄出，凡日文与中文同者，不再翻译。凡不同者及欧美著作，在原文之后附译中文。

书后"参考文献"的译稿请中国社会科学院的黄宝生、郭良鋆二位同志作了校对。本书的出版得到复旦大学出版社陈士强同志、历史地理研究所周振鹤同志的关心和帮助。谨此一并表示感谢。

1988年5月10日

中译本再版前言
杨曾文

　　1985年春夏之际,笔者应日本东京大学东洋文化研究所镰田茂雄教授的邀请,并得到日本学术振兴会的资助到东洋文化研究所研修三个月,期间主要考察日本学者对中国禅宗历史、禅宗文献的研究和主要成果。

　　1964年我从北京大学历史系毕业后被分配到中国科学院哲学社会科学部(现为中国社会科学院)世界宗教研究所从事佛教研究。开始每天的基础作业就是学习马克思主义宗教理论和佛教基本知识,即使后来长年既从事中国佛教历史的研究,也从事日本佛教历史的研究,也要经常查阅介绍印度佛教史的专著或论文。因为印度佛教毕竟是世界佛教的源头。这次在藏书丰富的东京大学研修,虽重点是考察日本学者的中国禅宗研究,但同时也留心日本学者对中国佛教史和日本佛教史的研究成果。

　　鉴于国内介绍印度佛教基本知识的入门书很少,当我进入图书馆或书店查阅图书时,对这方面的书十分注意。因为日本佛教各派成立的大学或学院比较多,故可以看到不少特为佛教院校编撰的佛教教材,例如龙谷大学编撰的印度、中国和日本的《佛教史》,虽篇幅皆很短,但看得出来也相当有学术水平。后来,我从书店看到由平乐寺书店出版的《佛教史概说·印度篇》《佛教史概说·中国篇》《佛教史概说·日本篇》三书,发现编撰者皆为卓有成就的学者,而且不仅面向佛教院校,也是面向高等院校文科的参考教材,所介绍的内容十分充实,章节结构也比较严谨,论述井井有条。我便将这三部书皆买了带回国内,计划抽时间翻译出来以供国内佛教院校和大学文科专业参考。

然而回国后即投入由任继愈教授主编的《中国佛教史》的编写和其他繁杂工作之中,无暇着手翻译。后来,我决定在这三部书中先翻译《佛教史概说·印度篇》。当得知我的朋友姚长寿已从日本佛教大学荣获研究生博士学位回国在中国佛教文化研究所担任副所长,便请他与我联手合作,将此书翻译了出来,最后在复旦大学出版社陈士强先生的理解和帮助下将此书顺利出版。

《佛教史概说·印度篇》,现译为《印度佛教史概说》,是由日本的印度佛教史学者佐佐木教悟、高崎直道、井野口泰淳、塚本启祥四位教授编撰,最后由佐佐木教悟统稿成书的。

佐佐木教悟(1915—2005)是与笔者交往多年的朋友,长年在日本真宗大谷派创办的大谷大学从事印度佛教史教学,著有《戒律与僧伽》《上座部佛教》《印度佛教》等,对中国友好,得悉我们将译成的《印度佛教史概说》即将出版时十分高兴。在书出版后,我通过邮局给他寄去四本,并嘱托他将其他三本转交给另外三位教授,并表示我们的祝贺和谢意。佐佐木教授收到我的信和书后,立即给我回信表示感谢,并且说:"此书虽是页数很少的小册子,然而因为有专业术语,可以想象翻译是很辛苦的。"

此书在国内出版后,得到佛教院校和高等学府文科师生的欢迎,很快就脱销了。许多朋友当面或写信向笔者要书,可是我原藏不多的样书早已赠人。前些年我曾在闽南佛学院看到过他们为了教学参考而内部翻印的此书,当时甚有感慨。从网络上看到,原版旧书定价最高现已涨到百元以上。有鉴于此,考虑到当前教内外研究和教学的参考需要,我便给老友陈士强先生打电话,告诉他希望将此书予以重印的建议。他听说后,表示支持,在最短的时间内告诉我,可以直接与复旦大学出版社的陈军同志联系。经陈军同志和出版社领导的理解和安排,再经过报批上级,现在终于迎来即将出版的时刻。

岁月不居,时节如流。《印度佛教史概说》最初出版至今已经过了32年,笔者已从年近50进入耄耋之年,自然有所感慨。今天收到陈军同志来信,希望我为此书再版写篇前言,于是提笔写了以上文字,既是对此书再版表示欣喜,也是对已故日本好友佐佐木教悟教授的缅怀和纪念吧。

2020年7月3日于北京华威西里自宅

《佛教史概说·印度篇》序

本书作为已经出版的塚本启祥、小笠原宣秀、野上俊静、小川贯弌四位教授共著《佛教史概说·中国篇》的姊妹篇，是为想研究印度佛教的初学者而共同执笔的概说书。因此，本书具有入门书、教科书或参考书的性质。

本书的四位作者，现在不同的大学从事印度佛教史的讲课，或进行研究，他们参照自己的研究、讲课的经验，彼此又进行意见交流，然后决定了各自承担的执笔任务。他们的分工是：佐佐木教悟写第一、六、七、八、十五章；塚本启祥写第二、三、四、五章；高崎直道写第九、十、十一、十二章；井野口泰淳写第十三、十四章及附录一、附录二。

全书的最后统一调整工作由佐佐木担任，但由于各篇章由不同的人执笔，难免存在表现风格的差异以及叙述上的某些重复和不完备，而且由于字数的限制，一些地方只是提出了问题，而不能进行解释，因此不能说本书是完全周详的。

这些将有赖于今后读者的批评、建议,以做进一步的充实。

稻叶正就教授对本书一部分写作提出过宝贵的意见。松村健彦为本书整理了参考文献和编制索引。谨此表示感谢。

著　者

1966 年 10 月

第一章
序　说

印度是个巨大而复杂的文化地区,从太古以来无论在思想方面还是在宗教方面,都是个发达的国家。其原因可以举出种种,但从大的方面来说,是由于印度所拥有的地域的特点、风土的性质、人种的复杂性所决定的。

一、地域的特点

印度的地形是位于亚洲大陆的南部突出于印度洋的半岛,宛如一个倒立的等边三角形。与其称它为半岛,不如说是大陆,其面积相当于整个西欧,有四百十五万平方公里。印度的北部由被称为世界屋脊的喜马拉雅山和兴都库什山等山脉把它与大陆的其他部分隔开,东临孟加拉湾,西濒阿拉伯海,南部以科摩林海角与印度洋相对。这样的地理条件对于印度独立的文化体系的形成有很大作用;这一文化体系表现了印度的孤立性，在与西洋对立的东方文化圈内，它与其他东方地区的波斯、中国是有区别的。然而，印度所具有的这种孤立性，绝不是意味着与其他地方没有关系。这从印度以往的历史可以得到很好的证明。

从印度半岛自身的构成来说，印度地理的特色大致具有以下三个部分：

1. 印度（Indus Sindh，"身毒"）河流域。 北部、西部以克什米尔以及巴基斯坦的山岭地带为界，南部包括拉贾斯坦的沙漠地带。

2. 恒河（Ganges, Gaṅgā）流域。 由恒河和朱木拿河（Yamunā, Jumna）、恒河和布拉马普特拉河互相交会而成的地区，形成不等边四边形的印度斯坦（Hindustan）平原。

3. 温德亚（Vindhya）山脉以南的地区。 横断半岛中央部的温德亚山脉以南的地区，为三角形的德干（Deccan）高原。

二、风土的特质

位于印度半岛最南端的科摩林海角是北纬 8 度，最北端的克什米尔的北边是北纬 37 度，从纬度上看属于从热带到温带的过渡地带，但一般地说属于热带地区。由于它与亚洲大陆和印度洋的特殊关系，在一年的一半时间里西南季风向大陆吹，在另外半年时间东北季风向海洋吹。与这种季风相应，印度的季节大体分为暑季(三月至五月)、雨季(六月至九月)、凉季(十月至二月)三季。印度处于这种季风地带,对居民的日常生活有相当的影响。有人认为,气候的酷热、高度的湿润、大气的清澄干燥这三种情况,给予了居民以被动的、忍从的和思索的性格。

三、人种的复杂性

印度的民族包括扪达(Muṇḍa)人、达罗毗荼(Draviḍa)人等原来的土著民族;入侵的雅利安(Ārya)人和本系统的其他族人;雅利安人与原来土著民族混血的居民。情况极为复杂,难以想象。现在印度共和国和巴基斯坦伊斯兰共和国以及包括其他在内的全半岛的人口已超过七亿九千六百万,当然这样众多的人口在最初是没有的。印度在过去创造了灿烂的思想文化,并不断发扬光大,即使在今天仍在继续前进。

四、印度的宗教思想

然而,印度古代的思想有值得特笔的地方,即印度古代的文化包含有许多宗教的因素。可以说,这是与中国形成鲜明的对照的。印度的思想是在上述严酷的风土环境和由复杂的人种所组成的复杂的社会结构中,为确立生活实践的基调而产生的,从而一切学问和思想都不脱离现实生活,都以实践为基础。无论是《吠陀》(Veda)、《奥义书》(Upani-sad)还是耆那教(Jainism)、佛教(Buddhism),一切的文学、哲学、宗教等,都是在与生活实践的密切联系中发展起来的。然而,这里所说的生活不是希求只是停留在眼前的生活,而是希求与永远的生命联结在一起的生活,因而与此相应的思想最富于宗教的色彩,在印度没有发现存在脱离宗教或伦理的思想。印度的宗教思想,不管是正统派还是非正统派,都带有尊重社会道德诸如不杀生、布施等伦理特点。

　　本书将以下面的问题作为论述的重点:印度所产生的、极为罕见的清净宗教之一的佛教,是如何从乔达摩·佛陀的觉悟,即人的自觉出发,对人的本身予以深刻的探究的?它在复杂的婆罗门教的神权主义的社会占有何等地位?它以何种形态流行于社会?佛教自身是如何顺应时代的思潮取得发展的?以及在印度故土成长起来的佛教在周围地区是以何种形式传播开来,对广阔的亚洲地区的思想、文化、艺术产生了怎样的影响?我们将尽可能地按照它们的发展顺序予以正确的介绍。

第二章
古代印度的社会和宗教

一、雅利安人侵入印度

雅利安人在印度文化的形成中占据主导的地位,但在他们侵入印度以前,已有几个民族居住,形成了各种不同形态的文明。其代表的是印度河文明(公元前3000—前2000)。当时建设了整齐宏伟的城市,形成了铜器时代的文明,据推定,这个文明与美索不达米亚的苏美尔文明有密切关系。可是在出土物品中有地母神、湿婆神的像,还有象征男性生殖器的石柱,这些被认为与后世的印度教有关。保持这一文明的土著居民被看作是达罗毗荼人,他们构成母系制的部落,在各地聚成小村落而居住。

雅利安人在高加索(Caucasus)的北方原有自己的居住地,他们当中的一部分在西土耳其斯坦草原地带定居以后,与伊朗人分开而越过兴都库什山,在印度河上游的旁遮普(Pañjāb,五河)地方找到了最初的定居地(公元前十三世纪)。他们征服了土著居民,建立了父系家长制的社会生活。社会按大家族、氏族、部族的顺序组成,部族长称王(rājan);他们虽由部族成员选出,但到后世变成世袭的了。并且,部族成员可通过集会(Samiti, Sabhā)表达自己的意见。这种社会被认为带有共和的性质。当时的生产以畜牧为主,后来发展起农耕业。

二、吠陀文学

印度·雅利安人在旁遮普地方最早完成的文学作品是"吠陀"。吠陀基本部分的本集(Saṃhitā)有四种,其中以《梨俱吠陀》(Ṛg-Veda)最古,约于公元前1500—前1000年左右形成。此为对神的赞歌的合集,其中对自然现象、威力、构成要素、抽象的观念等予以神格化,作为崇拜的对象。诸神被配置于天、空、地三界,据称有三十三位神(或作三千三百三十九位神)。吠陀宗教要求设祭坛,祭祀献牲,奉敬多神中的一神,进行祈祷,在祈祷中期待得到现实的利益。

在《梨俱吠陀》中有关于创造天地的哲学思辨的内容,从中可以看到哲学统一性思想的发展。首先是赞颂宇宙是由"造一切者"(Viśva-Karman)、"祈祷之主"(Bṛhaspati =

Brahmaṇaspati)、"黄金之胎"(Hiranyagarbha)等创造的"创造赞歌",其次是赞颂从布路沙(Puruṣa 原人)产生万物的"原人赞歌",最后则是赞颂宇宙的本原是"彼之唯一物"(tad ekam)的"无非有歌",至此而达到"极限"。

三、梵书宗教和种姓制的形成

定居于旁遮普地方的雅利安人后来迁移到恒河与朱木那河之间的肥沃平原,形成小村落,确立了以祭司为中心的氏族村社。随着祭祀仪式的发展,产生了对四吠陀本集作注释的书。这一群文献被称为"梵书"(Brāhmaṇa),产生的年代在公元前 1000—前 800 年。《梨俱吠陀》以外的三吠陀[Sāma-Veda(娑摩吠陀)、Yajur-Veda(夜柔吠陀)、Atharva-Veda(阿闼婆吠陀)]被认为也在这个时期形成的。梵书的内容是对祭祀仪式的详细规定,祭司们必须拥有专门的知识,祭司这一职位便成为世袭的职业。他们认为,供养牺牲具有深妙的含义,与日常生活有关,人们的幸运与不幸是由祭司所决定的。这样,祭祀被看成是万能的了,通晓吠陀的祭司便被当成神一样的存在。此外,王族成为独立的阶级,一般的职业成为世袭,原来的土著居民作为隶民从事劳役,从而形成四种姓的阶级制度(Varṇa)。这四种姓是:(1)祭司(brāhmaṇa,婆罗门);(2)王族(Kṣatriya,刹帝利);(3)庶民(Vaiśya,吠舍);(4)隶民(Śūdra,首陀罗)。与此同时,从《梨俱吠陀》末期以来逐渐形成的对统一原理的探究,到了这个时代开始从"时"(Kāla)中寻求世界的统一,进而又把"造物主"(Prajāpati)置于最高神的地位。

四、奥义书的哲学

与梵书一样,附属四吠陀的文献还有"森林书"(Āranyaka)和"奥义书"(Upaniṣad)。在森林书中有可被传授的秘密之教,它是从梵书到奥义书的过渡期的经典。奥义书是从"坐在近旁"之意转来的,意味着老师口授给弟子"秘密之教",它是将这种秘密之教集成经典的名称。由于奥义书位于广义的吠陀经典的最后,故也被称为"吠檀多"(Vedânta)。奥义书所包含的文献近二百种,它是在长期的思想发展中形成的,里面混杂着种种要素。古代的奥义书分为上古(散文,公元前800—前500)、中古(韵文,公元前500—前200)、中世(散文,公元前200)三期,此后的作品称为"新奥义书"(散文和韵文,公元前二世纪至公元十六世纪)。

上古的奥义书[Brhadāra yaka(《广林》),Chāndogya(《歌者》)、Taittirīya(《太帝利亚》),Aitareya(《他氏》),Kauṣītaki(《侨尸多基》),Kena(《由谁》)]是古代吠陀文化发展到顶峰的标志。在吠陀、梵书当中已经对世界统一性原理进行了探究,而到形成奥义书,则认为宇宙的本原是"梵"(ātman),并认为它与个人内在的统一性原理的"我"(ātma,阿特曼)是等同的,称之为"梵我一如"。这在思想史上是有意义的。而且在奥义书中发展了轮回转生的思想,这种思想是按照善恶果报的道德要求把人的行为作为依据,说人们前生的业(Karman)决定现在的果报,而现在的业决定着未来的果报。"五火二道"的轮回说即其典型之说。另外还有从轮回(Saṃsāra)到解脱(mokṣa)的说法。这样,业、轮回、解脱的思想,对后世印度思想以极大的影响。

五、都市的发展

在恒河和与木那河之间地区定居的雅利安人,后来逐渐向东方流动,移居于恒河中游一带地方,从而使这个地方的社会和文化发生了显著的变动。他们在新的居住地与原地居民进行通婚混血,形成了新的民族,并且无视传统的吠陀宗教和习惯,使用雅利安系民族已经败落了的俗语(Prākrit)。

另一方面,由于恒河流域土地肥沃,农业产量很高,物资逐渐丰富,生活也富裕了起来。由此促使了工商业的发达,建立了许多小城市,以这些小城市为中心的很多小国都很繁荣,它们实行贵族政治或共和政治。在这些城市中,商品经济的发展十分突出,在城市积聚了莫大的财富,工商业者建立了自己的组织,掌握了城市经济的实权。代表这些工商业者的财主

(gahapati,资产家)此后便给予在这个地区产生的佛教、耆那教的教团以经济援助。同时,由于城市经济的发展,促进了宏伟的城市建设,以这些城市为据点的大国王权得到了显著发展。这为专制主义国王的出现提供了客观可能,此后,由国王统治的大国逐渐并吞了邻接的小国。在这些城市国家中,以拘萨罗(Kosala)、摩揭陀(Magadha)、阿槃提(Avanti)、婆蹉(Vamsa)四国最为强大。

六、社会构成的变化

随着货币的流通,经济观念发展了,加上王族和工商业主势力的增长,旧有的阶级制度发生了变动。在佛教的原始经典中关于当时的阶级或身份,举出了六种:王族、婆罗门、庶民、隶民、屠夫(Caṇḍāla)、清道夫(pukkusa)。并且记载,即使是出身于隶民的拥有财宝、米谷、金银的工商业主,也得到来自王族、婆罗门、庶民的敬意。与之相对,在婆罗门种姓当中也有医生、佣人、统治者、樵夫、商人、牧人、屠夫、猎人、商队的向导,婆罗门种姓的败落由此略见一斑。

这种社会环境促成了自由革新思想的产生。传统的权威衰落了,在社会上形成了新的统治阶级和领导集团。佛教文献中提到作为新统治阶级的组成包括:受过灌顶的刹帝利国王、地方豪族、将军、村长、行会首领、氏族首长。

七、沙门和婆罗门

据佛教的原始经典、阿育王碑文和希腊的拉丁文献等推论,在初期佛教时代(公元前五至前三世纪),与婆罗门对立的新的精神指导者"沙门"(śramaṇa, samaṇa),处于强有力的地位。

"沙门"是这个时代革新的思想家的总称。他们游历各地,或在森林修行,或在村落说教(游行),作为说法的报酬,人们布施给他们食物,他们依此维持生活("乞食")。他们因生活表现不同而被称为游行者(parivrājaka)、遁世者(Saṃny-āsin)、苦行者(yati)、行乞者(bhikṣu,比丘)等,作为团体的指导者也被尊称为沙门。沙门是僧伽(saṃgha,宗教生活的共同体)之主、教团之主。古代的婆罗门社会主张血统的纯粹,婆罗门种姓自认为在诸种姓中地位最高,而沙门共同体却不问阶级和身份,都允许出家,佛教和耆那教的创始人都出身刹帝利种姓就是个证明。这个时代,农村社会姑且不论,在城市中,刹帝利取代婆罗门提高了地位,国王虽被认为是社会上最高的统治者,但并不被认为是神圣的。他们对宣说人人皆应尊奉之法(dharma)的沙门,亲自拜访受教。

八、六师外道

南传佛教《长部》经典的《沙门果经》(Sāmaññaphala suttanta)介绍了佛陀时代的六位思想家。因为他们是佛教以外的思想家,所以被称为"六师外道"。然而当时的新思想家绝不只是六人,诸如有"六十二见"或三百六十三个争论者,可见当时各种思想家辈出,提出了种种主张。

所谓六师是:

(1)阿耆多·翅舍钦婆罗(Ajita Kesakambala)——顺世派的先驱

(2)删阇耶·毗罗胝子(Sañjaya Velaṭṭhiputta)——不可知论

(3)末伽梨拘舍梨(Makkhali Gosāla)⎫
(4)婆浮陀·伽旃那(Pakudha Kaccāyana)⎬邪命外道
(5)富兰那迦叶(Pūraṇa Kassapa)⎭

(6)尼乾陀若提子(Nigaṇtha Nātaputta)

他们的主张是:

(1)阿耆多提出世界上有地、水、火、风四种元素,人是由这四种元素构成的,是随着身体的坏灭而灭亡。这是朴素的唯物论,被认为是顺世派(Lokāyata)的先驱。

(2)删阇耶否认认识的客观真实性,提倡不可知论

(Ajñānavāda)。

(3)末伽梨是邪命外道(Ājīvika)的代表者,认为构成生命的要素有灵魂、地、水、火、风、虚空、得、失、苦、乐、生、死十二种,它们是维持生命的实体。否定业轮回而主张无因论。

(4)婆浮陀主张有地、水、火、风、苦、乐、命我七种要素。

(5)富兰那认为道德的善恶行为不能产生善恶果报,主张无道德论。

(6)尼乾陀若提子是佛教徒对耆那教之祖筏驮摩那(Vardhamāna)的称呼,"尼乾陀"(离系)是在他之前已存在的宗派的名称,"若提子"意味着他是若提族出身。他又被称为"大雄"(Mahāvīra)或"胜者"(Jina),信奉其教者被称为"耆那"(Jaina)。他与佛陀生活在同时代,对在他二百年至二百五十年以前的帕萨(pāsa)之教进行改革,提出"不杀生、不妄语、离不与取、不邪淫、无所得"五大誓。他的世界观是通过运动的条件(dharma)、静止的条件(adharma)、虚空的条件(ākāśa)、命我(jiva)、素材(pudgala)五种有聚(astikāya)来加以说明的。

第三章
乔达摩·佛陀

一、佛传文学和资料的价值

在系统地整理出来的佛陀的传记中,现存称作"佛传文学"的一组文献,在梵语经典中先有《大事经》(Mahāvastu)、《普曜经》、《方广大庄严经》(Lalitavistara),而到出现马鸣(Aśvaghoṣa)的《佛所行赞》(Buddhacarita),文学修饰之美可以说已达到顶点。在巴利语经典中可以举出作为《本生经》(Jātaka)的因缘故事的《尼陀那伽陀》(Nidānakathā,因缘偈颂)。然而所有的这类文献都是在佛陀灭后几世纪形成的,它们是以分散在古代圣典中的片断记载为材料,为赞颂伟大的教祖而被著述出来的,因而很明显对佛陀是做了超人的修饰的。所以我们要了解教祖的社会经历,就应当从作为佛传文学之源的古代圣典中,寻求佛陀传说的核心内容。当然,有的经典已经散失,但作为现存的原始经典则有尼柯耶[Nikāya;汉译"阿含"(Āgama)]经藏和律藏(Vinaya Piṭaka)。其中尼柯耶中的《经集》(Suttnipāta,《义足经》)和律藏中的《戒经》(Pātimokkha)所包含的片断的记载,可以说是现有的最古的史料。

二、从诞生到出家

教祖乔达摩·佛陀原是喜玛拉雅山麓的小国释迦(Sakya,Sākya)族的王子,诞生地是蓝毗尼(Lumbinī,腊伐尼;现在的Rummindeī)园。父是净饭王(Suddhodana),母是摩耶(Māyā)夫人。其诞生日,北传佛教认为是四月八日,南传佛教认为是吠舍佉月(印度历二月,阳历五月)的满月之日。姓乔达摩(Gotama),名悉达多(Siddhattha),后因达到觉悟,被称作乔达摩·佛陀(Gotama Buddha)。因为是释迦族出身的圣人,也被称为释迦牟尼(Sakyamuni,Śākyamuni)或释尊。

他本当成为刹帝利种姓之王,能文善武,娶阿输陀罗(Yasodharā)为妃,生一子名罗睺罗(Rāhula)。据传说他二十九岁(或作十九岁)出家。关于出家的原因,佛传文学有"四门出游"的说法①。这个说法的历史真实性自当别论,但可以认为

---

① 释迦出游城的东、南、西、北四门,分别见到老人、病人、死者、沙门,认识到人生不免老、病、死,唯有出家做沙门才能达到解脱。——译者注

当时已存在游行乞食者。婆罗门社会规定要经过四种生活阶段(āśrama),即梵行期(brahmacārin)、家住期(qṛhastha)、林栖期(Vānaprastha)、游行期(parivrājaka = saṁnyāsim 遁世者)。这第四阶段虽在上古的奥义书中没被规定,但在沙门集团出现的时代所撰的婆罗门文献(法经、法典、新奥义书)里已有这种名称。可以推测,佛陀在当时也是顺从这个社会习惯的。另外,当时小国面临着被专制主义的大国并吞的社会形势,释迦族小国也处于即将被强大的邻国拘萨罗合并的衰运之际,可以想象,释迦的出家与此也有关系。

三、修定和苦行

乔达摩·悉达多出家后,经过一番游历到达摩揭陀国。当时摩揭陀国最盛行革新的宗教,各地存在着沙门游行者的团体。他们的宗教实践的方法虽各不相同,但从大的方面来分有修定和苦行二种。悉达多先在摩揭陀首都王舍城附近跟着阿罗逻迦罗摩(Ālāra Kālāma)和乌陀迦罗摩子(Uddaka Rāmapatta)学习修行。当时修定者的目的是通过禅定达到解脱的境界。当悉达多通过修行达到他们所体验到的禅定的最高境界(据传说,阿罗逻达到"无所有处",乌陀迦达到"非想非非想处";这大概不是他们的说法,当是表示早期佛教思想开展阶段的用语)之后,认为他们的修定主义具有逃避人生的倾向,对此不满足,便离开他们而到了伽耶(Gayā)。当时在尼连禅河(Nerañjarā,现在的 Phalgu)岸边的苦行林(Uruvelā)村住着许多苦行者。苦行一般为邪命外道和尼犍陀派喜爱采用的修行方法,他们认为通过抑制心的活动、中止呼吸、断食、减食等苦行,通过折磨肉体、减弱力气,可以达到精神上的自由。悉达多苦行六年,但并没有达到觉悟,于是认为苦行无益,便舍弃了它。

四、成道和觉悟的内容

据传说,此后佛陀吃了村里一位少女献上的乳糜,在尼连禅河里洗了澡,恢复了体力,然后坐在菩提树下潜心观想,达到觉悟而成佛(Buddha,佛陀即觉悟)。此时他三十五岁(另一种传说是三十岁)。北传佛教和南传佛教对佛陀达到觉悟("成道")的时间有不同的说法,北传佛教认为是十二月八日,南传佛教认为是吠舍佉月的满月之日。他达到觉悟(Bodhi,菩提)的地方后来被称为菩提伽耶[Buddha-gayā,现在的佛陀加雅(Bodh-Gayā)]。

佛教经典对乔达摩·佛陀觉悟的内容有不同的记载。据《律藏大品》,佛陀在成道之后从顺、逆两个方面对十二因缘进行了思索。然而据《中部》经典,一般把成道联系苦行来叙述,说是通过修成四禅而达到觉悟。其中的《怖骇经》讲通过领悟四谛而达到解脱,没有讲此后的事情。《双考经》记述得到四谛无漏智之后是讲八正道,但这不是释迦在鹿野苑的说法,而是在给孤独园的说法。其次,《萨遮迦大经》有以叙述四谛成道来结束故事的情节。然而《圣求经》与上述诸经不同,与前面提到的《律藏大品》拥有几乎一致的内容。但与《圣求经》比较素朴、写实的风格相对,《律藏大品》含有文学的空泛的要素。

概而言之,成道的传说是与作为故事经纬的苦行、成道和初转法轮联结在一起的。觉悟的内容可分为十二因缘和与四禅相关的四谛这两个类型。首先,就十二因缘来说,可以认为它在开始只有简单形式的几个分支,以后以此为基础才扩展成为十二支因缘的,难以想象释迦在成道时思惟了完整形式的十二因缘。其次,四禅的说法在《经集》等最古的文献中也没有记载,恐怕是在佛教相当发展之后才被提出来的。在《大品》《圣求经》中都是把四谛作为释迦最初的说法内容来记述的,这与《转法轮经》的内容是一致的。本来,说法是以阐明佛陀自己内心证悟的内容为宗旨的,因此与初转法轮的传说相关联,四谛之说也就与成道的传说结合在一起了。

释迦觉悟的内容之所以出现不同的传说,是因为释迦当初不想把自己觉悟的内容公式化,因而采取应机说法的方法。这就是说,在原始佛教的教义被加以整理之后,才把四谛、十二因缘的说法与成道的传说结合在一起。不难推定,四谛、十二因缘说法的本质内容是与当时社会的历史的状况密切关相关的。如果把传说中释迦降魔的记载,看作是古来依附婆罗门习俗的传统思想与新兴起的革新思想之间对立的象征,那么也可以说,佛陀的觉悟意味着他的思想对古老传统的超越。

五、初转法轮

据《律藏大品》,佛陀成道以后体会到解脱的愉快,但因为担心自己体悟的内容世俗人理解不了,对是否要说法颇为踌躇。他应梵天的劝请,想向先师阿罗逻和乌陀迦说法,但他们已经去世了。于是决定向在他舍弃苦行时离开他的五比丘说法。释迦来到了婆罗奈城[Bārānasi,现在的 Benares(贝拿勒斯)]的鹿野苑(Migadāya,现在的 Sārnāth),他最初说法的内容是离开爱欲和苦行的中道,即八正道和四谛,此谓"初转法轮"。以上的记述与《转法轮经》的内容是一样的,但《大品》还记述佛陀讲五蕴、无我的内容。

这里所说的"中道"显示了佛教的立场,它与偏颇于享乐主义或苦行主义极端的思想界是相对立的。另外,在"五蕴"说中对"无我"的提倡,意味着对"我"的否定。所谓"我"(ātman),是奥义书的哲人反复思辨所领悟的最高的原理,它在物的内部,从内部主宰着物,具有永恒性,是与绝对的"梵"(brahman)或本质属于等同的东西。因而所谓无我,就是否定奥义书的我。可是,有关中道、五蕴、无我的教说与八正道、四谛、十二因缘一样,在佛经的早期记载中是与初转法轮没有关系的,它们与初转法轮的结合同觉悟的内容一样,也是在原始佛教的教义被确立的过程中完成的。

六、对弟子的教化

在佛陀从事教化活动的四十五年中,能对他的行迹的顺序加以追溯的,只有最初的几个月和最后的几个月,而且对他安居(Vassa,雨季三个月的定居)的场所,也只知道最初的二十年和最后的二年。佛陀在世从事教化的活动范围,东到鸯伽(Aṅga)的瞻波(Campā),北到释迦族的迦毗罗卫(Kapilavatthu)和拘萨罗的舍卫城(Sāvatthī),西到拘留(Kuru)的劫摩沙昙摩(Kammāssadhamma),南到摩揭陀的拘睒弥(Kosambī)。但佛陀居留时间最长,与他教化关系最深的地方是舍卫城、王舍城、吠舍离(Vesāli)、迦毗罗卫等地。

由于摩揭陀国是革新的宗教的地盘,所以在佛陀的教化活动中于此地取得了最大的成功。在王舍城,佛陀接受的皈依者主要有优为(Uruvela)[①]、那提(Nadī)、伽耶(Gayā)、三迦叶(Kassapa),以及舍利弗(Sāriputta)、目连(Moggallāna),还有摩揭陀国王频婆娑罗(Bimbisāra)。佛陀在这里的居所有频婆娑

---

① 优为迦叶、那提迦叶、伽耶迦叶是三兄弟,原为婆罗门(事火外道),后皈依佛为弟子。——译者注

罗施舍的竹林精舍(Veḷuvanārāma)和医师耆婆施舍的耆婆园(Jīvakārāma),另外,吠舍离由㮈女施舍的㮈女园(Ambapālivana)、拘睒弥城的瞿师罗园(Ghositārāma)也比较有名。佛陀在拘萨罗、释迦国的传教曾受到婆罗门教徒的强烈反对,此后他也一再地遇到很大的困难。可是,给孤独长者(本名须达多,Sudatta)皈依了他,并捐赠在舍卫城的祇树给孤独园(Jetavana Anāthapiṇḍikassa Ārāma,祇园精舍),这个地方后来成为佛陀在拘萨罗国进行教化活动的据点。同样,在释迦国他得到了父亲净饭王的皈依,其子罗睺罗、异母弟阿难(Nanda)也从他为弟子。迦毗罗卫城的尼拘律陀园(Nigrodhārāma)也是很有名的佛教胜地。佛陀同意了养母摩诃波阇波提(Mahāpajāpati Gotamī)的请求,承认比丘尼僧伽(僧团)的设立。

在佛陀的晚年,提婆达多(Devadatta)煽惑摩揭陀的阿阇世(Ajātasattu),把频婆娑罗王监禁,篡夺了王位。同时,提婆达多也想取代佛陀成为教团的首领,但被佛陀斥退。据《律藏小品》,传说提婆达多提倡"五法",组织小团体,对佛教僧伽的僧院化表示不满,主张维持原始僧伽的生活方式。此外,拘萨罗的毗瑠璃(Vidūḍabha)王对释迦族怀有怨恨,攻下迦毗罗卫,肆意杀戮。关于这场杀戮的史实性自当别论,但从当时的社会形势来看,由拘萨罗进行政治兼并还是可能的。

七、涅槃

关于佛陀涅槃(nirvāna，nibbāna)的记载,可见《长部》经典的《大般涅槃经》(Mahāparinibbāna Suttanta, Mahāparinirvā-nasūtra)。这部经记述了佛陀从摩揭陀的王舍城到拘尸那羯罗[Kusināra,现在的迦夏(Kasia)])的最后旅行和涅槃的情况,所传近于历史的事实,资料价值很高。传说佛陀是八十岁入灭的,临涅槃之前作了最后一次说法,说在他入灭之后教团要依靠"自己"和"法",在拘尸那羯罗的沙罗林告诉弟子要做到"不放逸"。入灭的时间,据北传是二月十五日,据南传是吠舍佉月的满月之日。佛陀灭后的遗骨(śarira,舍利)被分为八份,共建十塔把它们及用来分遗骨的瓶、炭保存起来。1898年派拜(W. C. Peppé)在迦毗罗卫遗址附近的毗普拉瓦(piprāhvā)的古墓中挖掘出一把舍利壶,上面用公元前几世纪的文字铭刻着:"此为佛陀世尊之舍利壶,为知名释迦族人与其妹妹、妻子所共奉祀。"它是《涅槃经》上所记建立佛塔的证明。也有把这些舍利与毗瑠璃王杀戮释迦族的传说比附在一起的说法,比如富里特(T. F. Fleet)即持此说,但一般流行的是派拜的说法。

八、佛灭年代

关于佛陀入灭的年代古来有许多说法,由于古印度传承缺乏历史性,所以几乎难以断定它的确实年代。但从理论上来说,在佛教相传的记载中,有许多与教团有关的事件发生在佛灭若干年的说法。这样,如果能确定如下两个要素:(1)历史上某事件发生的确切年代;(2)佛灭与此事件之间的年数,即可往前推算出佛灭的年代。因此,关于佛灭年代,国内外学者有各种假说。关于要素(1),由于与希腊历史有关,孔雀王朝的旃陀罗笈多(Candragupta)的即位年代(公元前 317)和阿育王(Aśoka)的即位年代(公元前 268)是最确实的;关于要素(2),有不同的说法,例如据斯里兰卡上座部(分别说部)的传承(南传),阿育王的即位是在佛灭 218 年,而据克什米尔的说一切有部的传承(北传),是"百有余年"(或 116,160),这样南北两传相差约一个世纪。从而,如果根据南传的说法,佛灭的年代应是公元前 485 年(268+218-1),而根据北传则应为公元前 383 年(268+116-1)。在以往的说法中,因为对阿育王即位的年代的确定有些变化,所以对佛灭的年代也有不同看法。一般说来,欧洲的学者多基于南传的说法进行推算,而日本的学者则持北传的说法。

如果以佛灭与阿育王即位之间的年数为依据,对摩揭陀王统的统治年代加以考察,就会感到在南传的说法中为了凑满218年而增加了虚构的年数。与此相对,在北传的116年中,如果用来充实被认为在历史上实在的诸王的统治年数,就会发现年数又过短。此外,如果把佛灭年代与结集史、分派史联系起来进行考察,可以发现南北传承之间有显著的不同。这是因为,它们对佛教部派的根本分裂和第二次结集、阿育王即位的年代,以及对龙种(犀顺那伽)王朝的黑阿育王和孔雀王朝的阿育王的关系等构成传说的重要问题,有着不同的说法。

第四章
初期的佛教教团

一、僧伽的成立

据《律藏大品》的传说,佛陀成道之后在鹿野苑向五比丘作了最初的说法,他们受教成为他的弟子,这意味着佛教僧伽的成立。佛陀后来又对六十位弟子教诫说:"汝等已解脱一切束缚,应为众生利益游行化教。"这里已为佛教僧伽早期的生活方式作出了明确的规定。但是,如前所述,作为游行者的比丘的生活规定未必是佛教特有的。据《沙门果经》,外道的六师都是僧伽之主(saṃghin)、教团之主(gaṇin),即教团的导师(gaṇācariya)。他们知识渊博,德高望重,都是出家时间很长而又经验丰富的长老,作为一派的开祖受到众人的尊崇。这种由沙门指导的共同体被称为"僧伽"或"伽那"(gaṇa),然而这种用语在社会学、政治学的意义上本来是表示集团生活的一种类型。因此，由对各种导师的说法表示皈依的游行者所组成的僧伽，成了集体的单位。早期佛教的沙门称为释子沙门（Sakyaputtya samaṇa），其教法称为释子之法（Sakyaputtiya Dhamma），表明佛教在当时只是各种游行者共同体中的一派。尽管如此，佛教最早表现出非派阀的倾向，即以普遍弘法作为自己的目标，它称佛陀的觉悟为正等觉（Sammā sambuddha），没有表示佛陀灭后由谁担任教团之长，只是提出应依于自己，依于法。把普遍弘法作为自己的目标，促成了以各地各别僧伽（现前僧伽）为基础，形成的作为横的纽带的"四方僧伽"（译按：包括四方一切比丘、比丘尼在内的僧团整体）的观念，由此从释子沙门共同体的小的原始僧伽，发展为皈依唯一的师、法的教团。

二、比丘生活方式的变化

印度的气候，每年从六月中旬以后的三个月时期受到季风的影响，降雨量很大，河川暴涨，常发洪水。这样的自然条件给予出家者的游行生活以严格的限制。为此，出家者在这个期间必须停止游行，寻求避难的场所，从而使这种定期安居成为游行者共同体通行的习惯。

比丘们必须靠乞食为生，因此他们的定居场所都选择在城镇或农村。由于定居场所自然条件的不同，形成了作为安居（Vassa）场所的两种定居地，即住处（āvāsa）和园（ārāma）。开始,这些地方只是安居期间暂时居住的地方。久之,按照三个月集体生活的需要,制定出布萨(uposatha)、自恣(pavāraṇā)、迦缔那(Kaṭhina)衣等宗教仪式,而且为了维持生活要接受教徒的施舍。这样,原来规定的行乞就不再必要了,所居住的住处和园就逐渐变为半永久性的安居地。尽管如此,住处还没有成为有组织的僧院,仍是构成僧伽的比丘的集团。它是独立的单一的团体,并且受境界(sīma)的制约。从游行生活转为定居生活经历了缓慢的过程,但这一转变是在早期僧伽时期完成的。这种组织化的倾向是发展的,随着律的形成,比丘僧伽已不再是游行者的团体,而变为定居的修道僧的团体了。

三、僧院的发达

上面提到的住处一般是由比丘建立的暂时性住所,在安居结束后便任其荒废。与此相对,园一般地处城镇,或在郊外,意为乐园、果树园、花园,它们由所有者长期施给僧伽,成为举行宗教集会、禅定或讨论法的场所,被称为僧园(saṃghārāma,僧伽蓝)。园的所有者把它施舍给僧伽之后,仍自愿承担园产的管理和维持。可是,随着流动的游行者定居以后,在这里作为比丘训练内容体系的依止(nissaya),对法的讨论(abhidhamma-Kathā)、集体仪式的布萨、自恣、迦缔那衣等都有发展,并兴建了他们集会场所的会堂(upaṭṭhāna-sālā),这就形成了僧院(lena)。

僧院据传有五种:精舍(vihāra)、平房(addhayoqa)、殿楼(pāsāda)、楼房(hammiay)、窟院(quhā),其中精舍、窟院是永久性使用的。精舍在开始是作为安居住所的个人用房,后来发展成公共活动的设施(saṃghavihāra),其中也建有个人住室(pariveṇa,房)。随着比丘定居的发展,为整个比丘僧伽建立僧院的精舍(lena-vihāra)也成为必要的了,于是具有为共同生活所需要的各种设施的精舍就产生了。此后,精舍便意味着是比丘所住的大建筑群、有组织的僧院。所谓窟院指的是人工开凿修造的石窟,而不是自然的洞窟。这是从佛陀时代以来被用作修习禅定的隐蔽场所。随着这些建筑方法的流行,以温德亚山为境界,北方平原主要是用砖、石建造的精舍,南方高原多是开凿出来的窟院。但无论是哪一种,它们都具备作为僧院所拥有的一切设施。

四、戒律体系的形成和僧伽的构成

《梵网经》(Brahmajāla Suttanta)中说有小戒、中戒、大戒,《沙门果经》当中虽也含有与此相应的内容,但把这些戒的集成称为"圣戒蕴",说如果具足戒蕴的话,内心便可感到无垢清净的安乐。"戒"(sila)意为本性、性格、习惯、行动,由此转义为"善的习惯、善的行动"。所谓戒的具足,意味着舍离违反这些戒律的行为。这不是禁止的命令,而是自发的要求。小戒的开始是教人"舍离杀生、不与取、非梵行、妄语",这与外道的习惯法是相同的。而且戒经中作为最重罪的四波罗夷法(cattāro pārājikā dhammā),不仅排列的次序,就连内容也与这四戒是一样的,这足以证明戒经是建立在当时游行者共同体所共用的习惯法之上的。

戒经(Pātimokkha,波罗提木叉、戒本)的全部条文分为八类,即:波罗夷法、僧残法、不定法、尼萨耆波逸提法、波逸提法、提舍尼法、众学法、灭诤法,对违犯僧伽生活规则的行为作出从重罪到轻罪的规定。据说这些戒条是"随犯随制"的,但可以认为,现在这种形态恐怕是表现了以住处、园为活动中心的僧伽生活发展的阶段。从有关仪式的规定中也可以看到僧伽生活的发展情况。这样,戒经以它原有的目的和意图对比丘在定居地所形成的集体生活起了组织作用。在戒经的发展阶段中,对处于集体的僧伽生活中的个人生活也作了规定,逐渐形成了从戒经条款到广泛的戒律体系。佛陀没有指定在他死后的教主,因此在僧伽中没有统制僧伽的绝对权威。这样,在同一个住处存在两个僧伽,往往成为争论的原因,于是承认分派的合法化就是必然的了。为了维持僧伽的和合(samaggatā),制定"僧伽羯磨"(saṃgha-Kamma)是必要的。据此来进行僧伽的议事决定和裁判。

僧伽的构成人员按发展的阶段可分七种：

一、比丘(bhikkhu)　二十岁以上的出家男子

二、比丘尼(bhikkhuni)　二十岁以上的出家女子

三、沙弥(sāmanera)　未满二十岁的出家男子

四、沙弥尼(sāmaneri)　未满二十岁的出家女子

五、式叉摩那(sikkhamānā)　成为比丘尼之前二年的女性出家者

六、优婆塞(upāsaka)　在家的男信徒

七、优婆夷(upāsikā)　在家的女信徒

以上称为"七众"。其一至五称为"五内众"。比丘与比丘尼有独立的僧伽，沙弥从属于比丘，沙弥尼与式叉摩那从属于比丘尼。僧伽通过僧伽会议进行自治管理。僧伽至少要由四人组成，举行授具足戒(upasampadā)仪式的僧伽按规定应在十人（边地是五人）以上。比丘的所有物分为四方僧伽（四方僧物）、现前僧伽（现前各别僧团所有物）和个人的三种。

五、教义纲领

原始佛教的哲学思想可概要地用"三法印"或"四法印"来加以表述。四法印是诸行无常、诸法无我、涅槃寂静（以上三法印）和一切皆苦。其根本立场可以从认识论的角度用"四圣谛"

来加以说明。苦谛是对现实世界的认识;集谛是说明现实世界生起的原因的,这个原因是"五取蕴"(色、受、想、行、识)或"十二因缘"(无明、行、识、名色、六处、触、受、爱、取、有、生、老死);灭谛是对理想世界的设想;道谛是达到理想世界的途径和方法,即八正道:正见、正思惟、正语、正业、正命、正勤、正念、正定。

六、第一次结集

佛生前教示,在他灭后教团应以法为师,因此对佛的教法进行整理以流传后世是十分必要的。但佛是随机说法的,并没有一定的教法形式,为了统一教法,以利于流传,弟子们对佛法作了整理编集。随着时代的流迁,对佛法进行解说也是必要的。因为佛法的早期传承只是依靠口诵,所以需要有专门背诵教法的某一部分的能力。例如有为世人所知的持律者(Vinayadhara,律的暗诵者)、持法者(dhammadhara,法的暗诵者)、说法者(dhammakathika,对法的解说者)、持论母者(mātikādhara,论母的奉持者)、持论者(ābhidhammika,论的奉持者)、持经者(suttantika,诵经者)等。

在佛教史上传说有几次结集(saṃgaha)。所谓结集,意为会诵教法,在比丘的集会上通过会诵编集经典,以确认这些是佛所说的。在律藏"犍度部"末尾所附的二章中,记载着第一、二次结集的传说。

第一次结集(王舍城结集或人五百集法)是在佛陀的涅槃之年于王舍城举行的,有五百比丘参加。大迦叶(Mahākassapa)任上座(司会者),由优波离(Upāli)诵出律,阿难(Ānanda)诵出法。虽然有的学者怀疑第一次结集的历史真实性,但早期的律、法的片断内容在王舍城集会上得到承认,可视为是这个传说的原始形态。

七、第二次结集

在佛灭 100 年(或 110 年)时,吠舍离(Vesāli)地方跋耆族(Vajjiputtaka)比丘们在戒律上提出十条见解,此即"十事":

(1)角盐净(Kappa),可用角器蓄盐;

(2)二指净,午后日影偏西二指仍可就食;

(3)他聚落净,饭后仍可到别村再食;

(4)住处净,在同处住宿,可分开举行布萨(诵戒忏悔仪式);

(5)赞同净,可在不足法定人数的情况下议事,然后征求未出席者同意;

(6)所习净,可按和尚阿阇梨(导师)的惯例行事;

(7)不搅摇净,食后可饮不搅动的牛乳;

(8) 饮阇楼伽净，可饮未发酵的椰子汁；

(9) 无缘坐具净，可坐无边缘装饰的坐具；

(10) 金银净，可接受金银施舍。

他们认为这十事不违背戒律。对此，保守的长老比丘认为违背戒律，表示反对，于是在教团内部展开了争论。为此，有七百比丘在吠舍离举行集会，经过讨论，把跋耆族比丘所主张的十事断为非法，并把他们驱逐出教团。此为第二次结集（吠舍离城结集，七百人集法）。这个传说被认为是有历史根据的。

八、关于根本分裂的传说

律藏所载的第二次结集的传说中没有讲结集之后发生教团分裂的事。但据后来的史书南传的《岛王统史》(Dīpavaṃsa)和《大王统史》(Mahāvaṃsa)，此事发生在龙种王统的黑阿育王治世时期，当时对此项决定不满的比丘有一万人举行了结集。这样，佛教教团分裂为具有保守倾向的上座部(Theravāda, Sthavira)和带有进步倾向的大众部(Mahāsaṃghika)，此称根本分裂。但据北传佛教的资料，根本分裂的原因是由于大天(Mahādeva)提出"五事"，即：

(1) 余所诱；(2) 无知；(3) 犹豫；(4) 他令入；(5) 道因声

故起。①

这是对被上座教团认为是最高觉悟果位的阿罗汉(Arhan)提出的非难。大天是在教团举行布萨之日诵唱此偈的,立即在僧团内部引起争论。国王对此进行了仲裁,同意大天的见解,而命上座比丘们远徙迦湿弥罗地方。由此出现上座部和大天弟子的大众部的根本分裂。原载此事的《大毗婆沙论》虽没有讲事件的年代及当时治世的国王之名,但据世友(Vasumitra)所著的《异部宗轮论》(Samayabhedoparacanacakra,异译本有《十八部论》《部执异论》《藏译异部宗轮论》),此事发生在佛灭116(或160、百有余)年阿育王治世时代。此外,真谛的《部执异论疏》(已佚,日本澄禅《三论玄义检幽集》中有引文)中记有与《大毗婆沙论》多少有些差异的传说。清辨(Bhavya)关于正量部的传承著作,说此事发生在佛灭137年难陀王朝的摩诃巴托玛治世时代;同样是清辨关于上座部的传承的著述中,又说是在佛灭160年的孔雀王朝的阿育王治世时代;而在大众部传承的《舍利弗问经》中说此事发生在佛灭200年以前(孔雀输柯王Mauryaśoka治世时代)。这样,关于根本分裂的说法,南传佛教

---

① 此据《大毗婆沙论》卷九十九。意为:(1)阿罗汉仍不脱情欲,会因梦中魔女引诱而遗精;(2)阿罗汉仍有无知之处,如不知自己达到的果位;(3)阿罗汉对是非仍有难判断的时候;(4)阿罗汉对自己的修行果位需由别人指点;(5)阿罗汉仍有痛苦感觉,发出"苦哉"之声,但此有助于达到解脱。用偈表示为:"余所诱无知,犹豫他令入,道因声故起,是名真佛教。"——译者注

和北传佛教资料的记载是不一致的。据南传资料,大天是在第三次结集后于南印度传教的长老;而据佛音(Buddhagnosa)的《论事注》(Kathāvatthuatthakathā),"五事"则是大众部支派案达罗派(Andhaka,案达罗地方的部派)的主张。北传资料以此为大众系诸派的主张。因而,如果把与大众部的支派有关的大天和五事的传说同根本分裂的传说相结合,可以认为,从中是能反映说一切有部的情况的,这正是《大毗婆沙论》等的传说。

九、根本分裂的实情

传说第二次结集的发生是从围绕受纳金银的争论开始的,在所谓"十事"中也包含受纳金银的问题。一般是把律的条文的制定归之于佛的,不允许对已制定的规定加以废弃。但是,社会是变动的,比丘的生活环境也随之发生变化,这就会发生一些与原规定的律条不相应的现象。于是便出现对原条文附加上条件,认为照此行动而不会抵触规定的所谓"净法",并在教团中加以应用。在第二次结集的传说中所提出的"十事",就是把律上的细微规定称为净法,把一些违法的行为也作合法性的解释。因此可以看到,在关于净法争论的背后,是对律的规定持宽大立场的"持法者",与持严格立场的"持律者"的两个集团的斗争。而且,大天所提出的五事是对上座教团理想化的阿罗汉的不完全之点的指出,是对律所作的"净法"解释的承认,可以认为是持法者对持律者所提出的非难。由此可见,两种传承都是在持律者与持法者之间展开斗争这一共同的基础上形成的。

总之,在佛教教团内从初期就存在具有不同倾向的保守派和进步派两个集团,它们之间的斗争逐渐发展为表面化,而在第二次结集以后到阿育王的时代以前,便形成为两个不可协调的(上座部和大众部)部派。

第五章
孔雀王朝时代佛教的发展

一、统一国家的出现

佛陀以后,印度地方诸王朝盛衰交替,专制君主统治的大国吞并了小国,其中摩揭陀国最为强大。继哈尔扬卡(Haryaṅka)、龙种(Saiśunāga)、难陀(Nanda)诸王朝而起的孔雀王朝(Maurya),建立了横贯印度全土的大一统国家。

公元前327年,亚历山大王(Alexandros)入侵印度,进兵印度河。因为部下兵将不肯继续进军,于是亚历山大王东下印度河,转而向西方挺进。公元前323年7月,亚历山大王在巴比伦尼亚(Babylonia)首都巴比伦病死。当时恒河平原在难陀王朝统治之下。公元前317年左右,旃陀罗笈多(Candragupta,又译月护王)推翻了难陀王朝,建立了孔雀王朝。旃陀罗笈多在西北印度驱逐了希腊军事统治,以强大的权势促进各种国家事业的建设。由于印度与伊朗毗邻,于是便产生了希腊化的亚洲文化的交流。当时,叙利亚派遣了麦加斯忒尼(Megasthenēs)和戴伊麦考斯(Daĺmakhos),埃及派遣了狄奥尼西奥斯(Dionysios)为孔雀王朝首都波吒厘子城(Pāṭaliputra,Pāṭalipptta,华氏城;现在的巴特那,Patna)的驻任大使。其中麦加斯忒尼在驻任印度期间的记录(Indica)是了解当时印度情况的珍贵资料。

旃陀罗笈多的伟大事业,在很大程度上得力于贤明的大臣憍底利耶(Kauṭilya 或 Cānakya)。憍底利耶所著的《实利论》(Arthaśāstra),有着关于政治、外交、军事方面的思想体系,带有明显的国家主义、功利主义的倾向。

二、阿育王法敕

继宾头沙罗(Bindusāra)即位的阿育王(Aśoka,无忧),在扩大其祖父建设统一国家的伟大事业的同时,也尽力于文化上的建设。阿育王时代的版图南至印度半岛的南端,西至阿富汗和兴都库什山,成为印度史上最大的帝国。阿育王在位期间的种种事业,以法敕的形式被刻在岩壁或石柱之上。这可以说是古代印度史上唯一的确切资料。法敕按其所在地,可区分为以下六类(以下法敕之中,罗马体为普拉克里特语,带 * 印者为伽罗斯底文字,无印者为婆罗密文字,带⊙印者为希腊语[文字],带△印者为阿拉姆语[文字]):

1. **摩崖法敕**

    (1) 十四章法敕:Shāhbhāzgarhī*(夏巴兹加希)、Mānsehrā*(曼希拉)、Kālsī(卡尔西)、Girnar(吉尔纳)、[Bombay-]Sopāra([孟买]索帕拉)、Dhauli(道利)、Jaugaḍa(乔加达)、Erraguḍi(伊里古迭)、Kandahār☉(坎大哈)(相当于Ⅻ-ⅩⅢ)

    (2) 别刻法敕二章(十四章法敕Ⅺ—ⅩⅢ的补充):Dhauli(道利)、Jaugaḍa(乔加达)

2. **小摩崖法敕**(断片):Rūpnāth(鲁帕纳思)、Gujarrā(古贾拉)、Sahasrām(萨哈斯兰)、Bairāṭ(贝拉特)、Delhi(Bahapur)[德里(巴哈普)]、Maski(马斯基)、Gavīmaṭv(加维马特)、Pālkīguṇḍu(巴基贡都)、Brahmagiri(布腊马吉里)、Siddāpura(西达帕尔)、Jaṭiṅga-Rāmeśvara(杰丁加·兰美斯华)、Erraguḍi(伊雷古迭)、Rājula-Maṇḍagiri(拉朱勒-曼达基里)、Ahraurā(阿罗拉)、Calcutta-Bairāt(加尔各答·拜拉)、Kandahar☉△(坎大哈,二语并记)

3. **石柱法敕**

    (1) 六章法敕:Delhi-Toprā(德里·托普拉)、Delhi-Mīrath(德里·密拉特)、Lauṛiya-Ararāj(劳里耶·阿拉雷索)、Lauṛiya-Nandangarh(劳里耶·南丹加以)、Rāmpurvā(兰帕尔瓦)、Allāhābād-Kosam(阿拉哈巴德·科萨)

    (2) 七章法敕(附加于六章法敕的别章):Delhi-Toprā(德里·托普拉)、Kandahar△(坎大哈,相当于Ⅻ,印度语及

其阿拉姆语译）

4. **小石柱法敕**（断片）：Allāhābād-Koam（阿拉哈巴德·科姆）、Sāncī（商质）、Sārnāth（鹿野苑）、Rummindei（鲁明台）、Nigāli Sāgar（尼格利·萨格尔）、Taxila△（塔克西拉）、Lampāka△（兰巴卡）、Amarāvati（安马拉瓦提）

5. **洞院刻文**：Barāhar（巴拉巴尔）Nos. 1、2、3

6. **皇后法敕**：Allāhābād-Kosam（阿拉哈巴德·科萨）

摩崖法敕位于国境，石柱法敕位于国内要冲地区。另外在坎大哈、塔克西拉、兰巴卡还发现了希腊语和阿拉姆语的法敕，说明在阿育王帝国统治下的这些地区，希腊人和伊朗人曾经占有相当大的比例。

三、阿育王的业绩

征服羯陵伽（Kaliṅga）带来的悲惨结局，是促使阿育王成为热心的佛教信徒的契机。阿育王为了使自己信奉的佛法也能为人民信奉，使人民实践佛法，发扬佛法，因而发布法敕、铭刻法敕。法敕并不阐述深奥的哲学思想，主要内容是对一般人民进行道德上的训戒。阿育王亲自到全国各地进行佛法巡行，对当地住民施行佛法教诲。他废除了过去诸王以娱乐为目的的狩猎巡行，把这一巡行改为巡拜佛迹。他严格禁止为了举办宫廷宴会而残害生灵。

阿育王命令地方长官应每隔五年在各自领地内巡回一次。

设立正法大官(dharma-mahāmātra),对佛教僧伽、婆罗门教、耆那教、邪命外道等一切宗教采取宽容的态度,以有助于正法的增长而平等地予以保护。设立人和动物两种疗养院、种植药草、栽培果树、设立路标,种植街树,建立休息所,挖掘许多井泉,以供人畜使用。并且经常对囚犯施行大赦。

当时一般信仰过去佛伽那迦牟尼(Konāgamana),阿育王为此增建伽那迦牟尼塔以作供养。他派遣佛教徒到帝国的边远地带以及遥远的希腊和埃及诸国,通过佛法而来实行和平友好的外交政策。我们可以从传道师和希腊系五王的关系来推定阿育王的确切年代:

Amtiyoka＝叙利亚的安提奥卡库斯二世西奥斯王(公元前261—前246在位)

Turamaya＝埃及的托勒密二世菲拉泽尔弗斯王(公元前285—前246在位)

Amtikini＝马其顿的安提戈诺斯二世哥那塔斯王(公元前276—前239在位)

Maka＝施勒尼的麦伽斯王(公元前300—前250在位)

Alikasudara＝伊庇鲁斯的亚历山大二世王(公元前272—前255在位)

四、第三次结集

第一、第二两次结集传说是在佛教教团根本分裂以前,华氏城的第三次结集则是在根本分裂之后。第三次结集的内容,南北两传有着明显的不同,难以作出统一的解释。首先根据南传〔Dīpavaṃsa(《岛史》)、Mahāvaṃsa(《大史》)、Samantapāsādikā(《善见律毗婆沙》)〕的传说,阿育王为了供养众多的佛教僧伽,因为有六万外道混杂在内,在鸡园寺(Aśokārāma)施行了七年布萨。阿育王为了清理僧伽的混乱,从阿呼山(Ahogaṅga)请来目犍连子帝须(Moggaliputta),驱逐了分别说(Vibhajjavāda)以外的非正统说论者,召集一千名阿罗汉,编纂了一部《论事》(Kathavattu)。这是在佛灭 236 年之后的事,叫做第三次结集。而北传所说的第三次结集,如前所述,传说是同大天有关的僧伽争论。总之,南传的第三次结集,只是继承了分别说部,对于其他部派的传承却是置之不理的。这可以成为我们了解第三次结集实际情况的一个线索。但是从鹿野苑、桑奇、卡乌桑比出土的训喻分裂僧伽者的阿育王碑文来看,可以推定当时佛教僧伽内部的争论和分派是有可能的。

五、传教师的派遣

《摩崖法敕》第十三章有阿育王向印度边境及希腊诸国派遣法的使者的记载。南传〔Dīpavaṃsa(《岛史》)、Mahāvaṃsa(《大史》)、Samantapāsādikā(《善见律毗婆沙》)〕记载由目犍连子帝须派遣传教师。传教师及其派遣地的关系可列表如下:

Dīpavaṃsa(《岛史》),Ⅷ Mahāvaṃsa(《大史》),Ⅻ Samantapāsādikā (《善见律毗婆沙》)pp.61—69		阿育王法敕	
		摩崖法敕ⅩⅢ	摩崖法敕Ⅴ
传教者	传教地	传教地	正法大官派遣地
1)Majjhantika 末阐提	Gandhāra 犍陀罗 Kasmira 罽宾	Kamboja 剑浮	Gandhāra 犍陀罗
6)Mahārakkhita 摩诃勒弃多	Yonakaloka 庚那世界	Yona 庚那	Kamboja 剑浮 Yona 庚那
7)Kassapagotta 卡沙帕戈多 Majjhima 末示摩 Durabhisara,etc. 杜那比沙那等	Himavanta 雪山边国	Nābhaka Nabhapanti 纳帕邦底	
4)Yonakadham-marakkhita 昙无德	Aparantaka 阿波兰多迦	Bhoja 波嘉	
5)Mahādhamm-arakkhita 摩诃昙无德	Mahāraṭṭha 摩诃剌陀		Ratthika 拉底卡
8)Sona 须那 Uttara 郁多罗	Suvaṇṇabhūmi 金地国		
2)Mahādeva 摩诃提婆	Mahisamandala 摩醯婆末陀罗	Pitinika 比底尼卡 Andhra 案达罗 Pālada 帕那达 Coda 科达 Pāṇḍiya 潘迪亚	Pitinika 比底尼卡
3)Rakkhita 勒弃多	Vanavāsa 婆那婆私		
9)Mahinda,etc. 摩哂陀等	Laṅkā 师子国	Tambapaṇṇi 唐巴帕尼	

依上表,斯里兰卡传承和阿育王碑文中的派遣传教师的地名基本一致,结合桑吉附近发现的喜马拉雅地方的传教师、迦叶族的末示摩舍利壶的情况来看,这一传教师派遣的传承可以确证有其史实性。另外,这些地名与后来部派繁荣的地点有关。因此可以推定在阿育王时代,佛教教团内部曾经产生过部派,由于阿育王的传教政策促进了这种倾向,被派往印度各地的传教师们,使各自的派遣地成为布教的据点,从而形成了地域性的部派。

第六章
印度·希腊王朝与佛教

一、孔雀王朝没落后的印度

孔雀王朝在阿育王死后,渐趋衰落。及至公元前187年,当时的军队司令官普沙密多罗(Puṣyamitra)独立,夺取了政权,孔雀王朝终于彻底崩溃,印度再次陷入政治上的分裂状态。普沙密多罗建立了巽伽(Śuṅga)王朝(公元前187—前75),统治了以摩揭陀为中心的各个地区。不久巽伽王朝被甘婆(Kāṇva)王朝(公元前70—前30)所取代,在羯餕伽地方,与普沙密多罗几乎同时兴起的卡罗毗拉(Khāravela)的支提(Cedi)王朝,一时威震诸国。与此同时,南印度的案达罗地方,案达罗王国逐渐强盛起来。在西北印度,异民族希腊人〔印度人称之为耶槃那(Yavana),臾那(Yona)或者臾那卡(Yonaka)〕诸王相继入侵印度,建立了若干王朝。

二、毁佛之王普沙密多罗

普沙密多罗复兴残酷的婆罗门教的祭祀(Aśvamedha,马祀),据佛教文献记载(汉译《杂阿含经》卷二十五等),他是破坏佛教之王。他以兵力破坏华氏城的鸡园寺(Kukktārāma),继而北上,攻入迦湿弥罗。据传他遇到佛伽蓝就加以破坏,对各地僧伽施加迫害。普沙密多罗毁佛的理由虽然不够明确,但至少可以说他是过激的湿婆崇拜者,带有国家主义的排外情绪,厌恶对当面之敌希腊人怀有好意和佛教徒。总之,他的这一行为至少可以说是对孔雀王朝保护佛教政策的一种反动。

三、印度的希腊人

公元前三世纪中叶,叙利亚(Syria)的塞琉古(Seleukos)王朝统治了印度西部诸地区。几乎同时发生了对此王朝的两次叛乱,即帕尼族(Parni)酋长阿息克一世(Arsacēs Ⅰ,公元前250—前248)的独立,宣告成立安息王国(Parthia),以及希腊人太守狄奥多忒斯(Diodotos,公元前250—前235)的独立,宣告建立大夏王国(Bactria)。大夏王国的第四代国王狄麦多流(Dēmētrios,公元前189年即位)入侵印度,统治了旁遮普地方和西部印度的各地区。其间,幼克拉蒂德斯(Eukratidēs,公元前175—前156)独立,与狄麦多流争夺大夏,他也入侵了印度。于是狄麦多流统治了以塞卡拉[Śākala,现在的锡亚尔科特(Sialkot)]为中心的东旁遮普。与此相对,幼克拉蒂德斯则统治了喀布尔溪谷到布色遏逻伐底(Puṣkarāvati)和坦叉始罗(Takṣaśila)地区。这样就形成了由大夏王国分裂而出的两国王统的对立。根据出土货币等可以得知,包括这两个王统在内的希腊系诸王,有名字记载的约有四十名,其中狄麦多流、幼克拉蒂德斯、阿波劳多特(Apollodotos,公元前167—前163)、梅猛特劳斯(Memandros,公元前163—前105)就是著名的印度·希腊王。

这些希腊人诸王国的政治组织,正如梅猛特劳斯帝国所表明的那样,宫廷的主要官吏由希腊人来担任,其统治制度大多是希腊式的,如郡守(Meridarkhēs)制度等即为其例。此外在行政和事务方面使用的是希腊文字,在有关佛教的场合使用的则是伽罗斯底(Kharoṣṭhi)文字。

四、弥兰陀与佛教

弥兰陀(印度人称为 Milindra 或 Milinda)出身于喀布尔附近的希腊人都市阿荔散(Alasanda[①])的希腊系王族,长大后曾

[①] 今埃及之亚历山大。——译者注

经做过狄麦多流的补佐官。父王死后,他继承了王位,以奢竭罗为都城,领有苏剌陀(Surāṣtra)等地。他自封为"保卫正义之王",在人民中颇具威望。他曾同佛教比丘那先(Nāgasena)长老进行了佛教教义的问答,据说由此皈依了佛教。在旁遮普的辛科特发现有弥兰陀奉献的佛舍利壶。根据南方的传说,他在晚年把王位让给了儿子,出家当了阿罗汉,建立了名为弥兰陀的精舍。另据普鲁塔克(Plutarkhos)的记载,弥兰陀王死了之后,印度各都市争而分其遗骨,分别建立佛塔,以怀念弥兰陀王的遗德。这些情况在关于佛陀入灭时的故事中也能见到,可以说明当时信奉佛教的各都市的住民对弥兰陀王极其尊敬。

五、《弥兰陀王问经》

弥兰陀王与那先长老问答的内容,现存有《弥兰陀王问经》一书。这本书用巴利语编辑,汉译以长老的名字译为《那先比丘经》[东晋时代(317—420)译,译者不详,有二卷本和三卷本]。这是唯一的以书本形式留存于后世的重要文献,可以证明公元前世俗君主与出家比丘的对谈确有其事,它的重要价值受到人们的高度评价。对话的内容包含有智慧与烦恼、轮回、业、佛陀的实在、教团、比丘的资格、出家生活和在家生活、涅槃、各种譬喻等广泛的范围。特别值得注意的是,在其往复回答之间,透露了两者在思想立场的差异,显示了古希腊风格的西洋与印度风格的东洋之间思想上的不期而遇。

六、希腊人与佛教信仰

在弥兰陀王之前和之后,已有相当多的在印度的希腊人信仰佛教。据各种碑文来看,希腊人供养佛舍利,或向各地佛教窟院布施柱子、讲堂门、贮水池等。比如公元前150年左右,西北印度郡守忒奥多罗斯(Theodōros)曾供养佛舍利,即是有代表性的一个例子。

希腊人中也有如赫利阿多拉斯(Heliodoros)那样,崇拜印度化了的毗湿奴的,但是正如以上所述,皈依佛教的人数还是相当多,其原因我们可以归结为佛教的平等思想。在婆罗门势力根深蒂固的古代印度,如《摩奴法典》(Manu Smṛti)所规定的那样,从等级上来说,希腊人只不过是夷狄人＝野蛮人(Mleccha)。在婆罗门教的社会里,依据婆罗门教的仪礼,不管有多大的知识或多深的修养,皆被视为恶魔(Dasyu)而受到轻视和排斥。而佛教正如《弥兰陀王问经》中明确提出的那样,否定阶级的差别,宣说四姓平等,没有异民族的差别,没有国境的限制。因此一般来说,外来民族的希腊人如果对宗教有兴趣的话,这种宗教就是佛教,因而完全可以说希腊人皈依佛教的人数是相当之多。

第七章　塞种·帕赫拉瓦时代佛教诸部派的动向

一、塞种·帕赫拉瓦人入侵印度

公元前100年左右到公元75年左右,塞种人(śaka或Saka)和帕赫拉瓦人,即西塞安人(Scythians)和安息人(Parthians)入侵印度,形成了所谓塞种·帕赫拉瓦时代。强大的塞种人首先占据了塞伽斯坦(Śakasthāna),经波伦山口(Bolan)向印度下游进军,其中一部分人北上旁遮普,居住在坦叉始罗附近,另外一部分人不知在哪一年之后从印度的塞伽维帕(Śakadvipa)移到东南方向的苏剌陀(Surāṣtra),进而到达了邬阇衍那(Ujjayanī)。这一塞种王朝的开祖是毛伊斯(Mauēs,公元前90—前53),继他之后是阿泽斯(Azēs)一世、阿泽斯二世、阿济利塞斯(Azilisēs)等诸王。在这些王的统治期间,印度·希腊的势力逐渐减弱。印度的西塞安人和安息人在伊朗时就开始有了血缘关系,进入印度特别是在阿济利塞斯时代以后,两者血缘混合,冈多弗纳斯(Gondōpharēs)、阿卜德嘎塞斯(Abdagasēs)、奥路他难斯(Orthagnēs)、沙那巴纳斯(Sanabarēs)、帕戈纳斯(Pakorēs)等诸王似乎是安息人,或者是安息系统的人。

现在印度教教徒仍在使用的以公元前 58 年(或前 57 年)为纪元元年的毗克罗摩纪元(Vikrama Saṃvat),始于阿泽斯一世统治时期。但据耆那教徒所传,毗克罗摩纪元据说是为了纪念邬阇衍那的超日王(Vikramāditya)战胜塞种而创始的。所谓超日王,因传说纷纭,莫衷一是,笈多王朝的坎多拉古普他二世(Candragupta Ⅱ,375—415)也持有这一称号,现在所说的邬阇衍那王有说是指案达罗宗族(Andhrabhṛtya)的马拉比亚共和国首领辛穆卡·萨塔瓦哈纳(SimukaSātavāhana,公元前 60—前 37)。

二、希腊化的塞种·帕赫那瓦人

入侵印度的塞种·帕赫那瓦人因为入侵印度之前居住的塞伽斯坦是拜火教(Zoroastariasm)的发源地,入侵印度之后,最初仍持拜火教信仰。一般认为由阿泽斯一世等建立的塔基希拉的詹第阿寺(Jandiāl)就是一所拜火教寺院。塞种·帕赫那瓦人在这所寺院里举行盛大的祭祀善灵神(Ahra Mazda)的宗教活动。这是他们在战斗之后,为象征正义和秩序的善灵神降临人间而举行的一种不可缺少的活动。但从这一寺院的建筑式样,我们可以看到,同这一寺院的建立有着关系的塞种诸王和大臣已经相当希腊化了。

阿泽斯二世的后继者是印度·安息王冈多费纳斯(Gondōpharēs,或 Condōphernēs,19—25),是拥有西旁遮普及信度一带地方势力的首领。据说他曾皈依传说中最早给印度带来福音的十二使徒中的圣托马斯(Saint Thomas)。又据说在公元 40 年左右,新毕达哥拉斯学派蒂亚纳派(Tyana)的阿波罗尼斯(Appollonius)访问印度时,到过塔基希拉,与当地的王安息人普拉奥忒斯(Phraōtēs)会谈,王有希腊教养,双方用希腊语交谈。

三、塞种·帕赫拉瓦人皈依佛教

入侵印度的塞种·帕赫拉瓦人同耶槃那(希腊)人一样,经过一个阶段之后,同样受到印度诸宗教的感化影响。根据各种碑铭记载,我们可以知道,在各种宗教中他们皈依的是佛教,并且有过不少奉献行动。比如,坦叉始罗的普拉去立底(Prāvṛti)地方曾经信仰过佛教。塔基希拉附近的塞伽太守里阿卡·库斯拉卡(Liaka Kusūlaka)的儿子帕底卡(Pātika)曾安奉佛舍利,供养佛教僧侣。马哈库夏托拉巴的拉朱维那(Rājuvula)王的王妃阿亚西亚·卡姆依阿(Ayasia Kamuia)也曾安奉佛舍利,建立佛塔和寺庙,并把这些送给佛教僧侣。与佛教徒的信仰有密切关系的有名的马土腊狮子柱头铭文上,记录有拉朱维拉家族和他亲戚的五个儿子以及他的友人五名太守的名字。据此我们可以知道当时皈依佛教的人数相当多,而且他们皈依的佛教是在各自领地流行的部派佛教。

四、佛教部派的展开

佛教由于第二次结集为契机而发生根本分裂之后,大约在公元前后产生出十八部派或二十部派。这种分派不仅是佛教中的现象,也是婆罗门教正统派、非正统派中的普遍现象。但是有关佛教诸部派的发生情况和分派系统,以及部派的名称,在各种传记里却是诸说纷纭,不得一致。

南传和北传中有关分派的系统主要可以例示如下:

Dīparaṃsa[Mahāvaṃsa]

(分别说部传承)

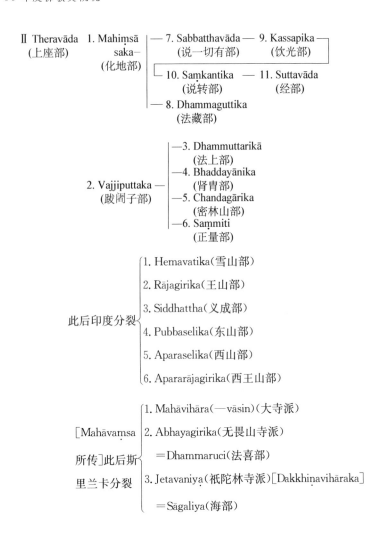

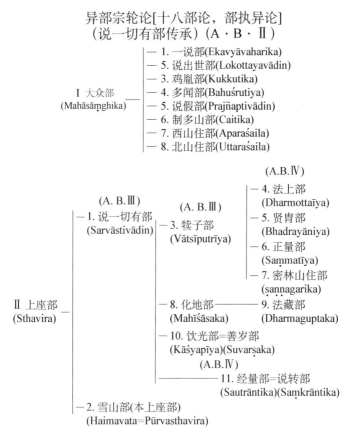

异部宗轮论[十八部论，部执异论]
（说一切有部传承）(A·B·Ⅱ)

Ⅰ 大众部 (Mahāsāṃghika)
— 1. 一说部(Ekavyāvaharika)
— 5. 说出世部(Lokottayavādin)
— 3. 鸡胤部(Kukkutika)
— 4. 多闻部(Bahuśrutiya)
— 5. 说假部(Prajñaptivādin)
— 6. 制多山部(Caitika)
— 7. 西山住部(Aparaśaila)
— 8. 北山住部(Uttaraśaila)

Ⅱ 上座部 (Sthavira)
(A. B. Ⅲ)
— 1. 说一切有部(Sarvāstivādin)
  (A. B. Ⅲ)
  — 3. 犊子部(Vātsīputrīya)
    (A.B.Ⅳ)
    — 4. 法上部(Dharmottaīya)
    — 5. 贤胄部(Bhadrayāniya)
    — 6. 正量部(Saṃmatīya)
    — 7. 密林山住部(ṣaṇṇagarika)
  — 8. 化地部(Mahīśāsaka) —— 9. 法藏部(Dharmaguptaka)
  — 10. 饮光部=善岁部(Kāśyapīya)(Suvarṣaka)
  (A.B.Ⅳ)
  — 11. 经量部=说转部(Sautrāntika)(Saṃkrāntika)
— 2. 雪山部(本上座部)(Haimavata=Pūrvasthavira)

这些部派由于种种原因而形成各自的僧侣集团，或者是因为所主学说的不同，或者是因前辈祖师相承，或者虽然思想学说无甚差异但因地区上的隔阂而各成一派。同样是信奉乔达摩·佛陀的教说，各派却在徽章（自派的标志）、三衣的颜色和穿衣法,甚至日常的礼仪等方面带有各自的特色。

诸部派在地区上的分布情况是:有部、经量部、大众部、法藏部、化地部、饮光部主要在西北印度各地;以犊子部的正量部为中心,法上部、贤胄部和密林山住部(六城部)以马尔瓦·阿品第为主要据点,分布在西南印度和西印度沿海地区及马土腊、信度等地。正量部是单独的部派,或者也包括前述犊子部以下的各派,也可叫做阿品第派。马尔瓦·阿品第在巽伽·甘婆王朝时期曾经是政治、文化和宗教的中心,摩哂陀、僧伽密多去斯里兰卡前曾经住过的毗迪萨和桑奇就在这一地区,印度和斯里兰卡通过上座部佛教不断进行文化交流,这一地区的重要性也就可想而知了。大众部、一说部、说出世部、牛家部(鸡胤部)诸派在中印度至西北印度一带流行。制多山部及其分裂而出的东山部、西山部等南方大众部分布在南印度阿摩罗缚提(Amarāvati)中心地带,也叫安达罗派(Andhaka)。这一地区和斯里兰卡还有称为方等派(Vetulyavāda)或大空派(Mahāsuññatāvādin)的部派。

佛陀用他主要活动地区的摩揭陀语来说法,因此佛教的经典和戒律最初是用摩揭陀语来传承的。但是佛教向地方发展在各地形成僧团之后,便开始使用各种各样的俗语。因此耶槃那人使用的是耶槃那语,释迦人使用的是释迦语。古代部派佛教圣典使用的语言是各部派主要活动地区的方言。比如,以西北印度为活动中心的有部,使用的是梵语或者近似梵语的俗语,以修拉赛那地方为中心而得以普及的正量部,使用的是阿帕普兰赛语,以阿品第地方为中心而兴盛的上座部,使用的是佩沙切语,以南方马哈拉修特拉地方为活动中心的大众部,使用的是马哈拉修特拉语。总之,势力强大的部派编纂传承部派独自的三藏。以口相传的部派三藏大约在公元前一世纪(公元前88—前76)开始用文字书写,据说是在斯里兰卡上座部中使用的。

五、三藏的成立

佛教圣典分成律(Vinaya)、经(sūtra)、论(abhidharma)三藏。三藏中律和经的成立时期最早,论比较晚出。

所有部派都有律藏,现存的律藏可以明确显示其所属部派的名称。律藏主要有十种,形式完备的广律有六种,即《摩诃僧祇律》(大众部)、《律藏》(分别说部)、《四分律》(法藏部)、《弥沙塞部和醯五分律》(化地部)、《十诵律》(说一切有部)、《根本说一切有部毗奈耶》(根本说一切有部)。广律由《经分别》(Sutta-vibhaṅga)、《犍度》(Khandhaka)和《附随》(Parivara)三部分组成。《经分别》是对僧团个人生活的规定,是对律的最初形式戒经(Pātimokkha)的注释;《犍度》是对僧迦团体生活的规定;戒律后期形式的摘要、附则的汇总叫做《附随》。"经分别"和"犍度"包含的内容适用于一切部派之间。但在律藏的组织形式上,大众律和上座系诸律之间却有着显著的差别。广律之外,还有各派自有的戒律。

经藏的最初形式叫做法(dharma),是佛陀遗教的片断集成。佛陀教说的汇总叫做法门(dharma-paryāya)。阿育王石柱法敕所记的七种法门是了解佛陀关于日常生活伦理的教说和原始经典形式的重要资料。这些教说后来按照内容的不同和编集的形式分为九分教十二部经,即:

[九分教]

1. Sutta(sūtra)契经

2. geyya(geya)应颂

3. Veyyākaraṇa(Vyākaraṇa)记说

4. gāthā 偈颂

5. udāna 自说

6. itivuttaka(itivṛttaka)如是语

7. jātaka 本生

8. Vedalla(Vaipulya)方广

9. adbhutadhamma(adbhutadharma)未曾有法

[十二部经]

10. nidāna 因缘

11. avadāna 譬喻

12. upadeśa 论议

但是,更为完善的经藏形式,如现存的经典那样,可分为五尼柯

耶(Nikāya)和四阿含(Āgama)，

（南传）	（北传）
Dīgha Nikāya（长部经典）	《长阿含经》(Dīrgha-āgama)
Majjhima Nikāya（中部经典）	《中阿含经》(Madhyama-āgama)
Saṃyutta Nikāya（相应部经典）	《杂阿含经》(Saṃyukta-āgama)
Aṅguttara Nikāya（增支部经典）	《增一阿含经》(Ekottara-āgama)
Khuddhaka Nikāya（小部经典）	（杂藏）[部分有汉译]

部派时代各派都有五尼柯耶或四阿含，除此之外没有其他经藏，但在编排的侧重点上有所不同。其顺序为：

（说一切有部）杂*、长、中*、增一

（化地部）长、中、杂、增一、杂藏

（法藏部）长*、中、增一、杂、杂藏

（分别说部）长*、中*、相应*、增支*、小*

（大众部）长、中、杂、增一*、杂藏

带*印的表示现存。此外尚有 Dhammapada(《法句经》)、Udāna(欢喜偈)、Itivuttaka(《本事经》)、Suttanipātā(经集、《义足经》)、Thera-therīgāthā(长老、长老尼偈)、Jātaka(《本生经》)等九分教

的编集形式。

法的说明和解释,比如最初出现的《集众经》(Saṃg ti Suttanta)、《十上经》(Dasuttara Suttanta)那样,都被纳入经藏之中,它是以三界、四念处、五蕴等法数来分类的,名为本母(mātṛkā,论母)。但是后来形成的独立的整理解释教说的文献,叫做阿毗达磨论藏(abhidharma)。论藏的形式在说一切有部和分别说部里比较明显,分别说部七论之中的《论事》的原形,就是由目犍连子帝须组织阿罗汉编纂而成的。

六、佛教石窟寺院的出现

从孔雀王朝时代开始就已经有了捐赠给阿什斐迦教徒或耆那教徒的石窟,到公元前二世纪左右,南印度的贡特巴利(Guntupalle,数窟,以下括弧内的数字表示石窟数)和西印度的巴贾(Fhājā,19)开始有了佛教石窟寺院。从公元前一世纪至公元数世纪间,以德干为中心的西部地方的纳西克(Nāsik,24)、培独沙(Bedsā,2)、贡达莱(Kondāne,4)、匹特罗戈那(Pitarkhorā,2)、朱纳尔(Junnār,57)、孔定忒(Kondinte,16)、卡罗那(Kārlā,8)、坎埃里(Kānherī,109)、阿旃陀(Ajantā,29)、埃洛拉(Ellorā,12)等地陆续出现了石窟寺院。这些石窟寺院的开凿并非一时完成,而是经历了相当长的时期,其中大半为富裕的安达王族和豪族所捐赠。但也有像纳西克第8窟那样的显然是释迦族捐赠的石窟寺院。因此在这些石窟寺院里自然也有上座部系的雪山部、法上部、贤胄部和大众部等部派所属的石窟寺院。

第八章
贵霜王朝和说一切有部佛教

一、贵霜入侵印度

公元前130年左右,被匈奴追逐的月氏移居大夏,征服了托库哈那族建立的国家。托库哈那族有休密、贵霜、双靡、肸顿、高附五位强有力的部族首领(Yabgu,翕侯),这时都归属了大月氏。但是一百多年以后,贵霜(Kuṣāna,Kuṣan)的势力强大起来,取代大月氏而统领其他四翕侯,同时也征服了周围各国,这就是贵霜帝国王朝,王朝的创立者是库朱拉伽德庇塞斯(Kujulakadphisēs,丘就却)。他入侵安息,攻占喀布尔之后,占领了阿拉戈西亚以北(濮达)地区以及喀布尔河流域(罽宾)。他在喀布尔同印度·希腊最后一个国王赫尔梅奥斯实行同盟,共同统治。但是,不久他又灭了赫尔梅奥斯,渐渐向西北印度各地扩张势力。为了统治印度,他任命了得力的将军。他同罗马通商，图谋扩大军事力量。一般说贵霜族受到希腊文化的影响，即是指这一时期。丘就却的后继者是他的儿子维马伽德费塞斯（Vimakadphisēs，阎膏珍）。维马伽德费塞斯扫荡了犍陀罗和旁遮普一带的印度·希腊人的残存势力，又巩固了印度以外西北各地的统治。由于他的施政，尤其是在经济政策方面的成功，国家渐渐趋于一统。

维马伽德费塞斯的继承人一般认为是迦腻色迦。他们之间是否有血缘关系尚不清楚。一说迦腻色迦王是于阗（Khotan）出身，属于小月氏民族。一般认为迦腻色迦王即位是在公元128年（一说144年），从这一年开始就是迦腻色迦纪元。迦腻色迦王在位二十三年，以布路沙布逻［Puruṣa pura，现在的白沙瓦（Peshāwar）］为首都，其势力范围东至贝拿勒斯，南至温德亚山麓，西北至喀什噶尔、叶尔羌、于阗等西域各地以远，形成了拥有从伊朗东北部远到咸海附近广大区域的大一统帝国。

迦腻色迦王死后，伐西什迦（Vāsiṣka）、迦腻色迦二世、孚维什迦（Huviṣka）、婆苏提婆（Vāsudeva）等诸王继承王位，王朝势力衰退。婆苏提婆时期，王朝被波斯萨桑朝的萨蒲罗一世（Sāhpuhr Ⅰ，240—272）所灭。

二、迦腻色迦王皈依佛教

一般认为贵霜诸王中维马伽德费塞斯是印度教信徒，而迦腻色迦是皈依佛教之王。迦腻色迦皈依有部长老胁尊者(Pārśva)，成为热心的佛教护持者。他有三位亲友，即佛教长老马鸣(Aśvaghoṣa)、大臣摩吒罗(Māthara)、名医遮罗(Cara)。马鸣出生于中印度的沙祇国，也有说他是胁尊者的弟子，通常认为他是属大众部系的多闻部的比丘。关于马鸣，玄奘在《大唐西域记》卷十二中有记载："当此之时，东有马鸣，南有提婆，西有龙猛，北有童受，号为四日照世"，是当时有代表性的长老。他是一位有名的佛教诗人，也是一位以辩才而称名于世的传道者。迦腻色迦王从中印度把这位长老请去作为宗教顾问。据说迦腻色迦王在政务之暇曾学习佛教经典，即位后不久，在首都郊外(现在的沙奇基·德里)建立大塔。这一大塔包括僧院和其他附属建筑物，叫做"迦腻色迦大塔"(Kaniṣka-Vihāra)。大塔[雀离浮图《洛阳伽蓝记》）、迦尼色迦塔《药事》)]的规模之大、伽蓝之庄严，我们可以从六世纪初在此作过旅行的宋云的记录中了解得到。1908—1909 年，曾在这座大塔遗址中发掘出迦腻色迦王的舍利容器。

迦腻色迦王不仅在犍陀罗建立伽蓝，也在贾兰德拉、至那仆底、迦毕试建立了伽蓝。迦腻色迦王的都城，春秋两季在犍陀罗，夏季在迦毕试，冬季在奇纳普哥提，各都城皆有王宫和伽蓝。在卡皮西的一座叫做沙落迦(Sālaka)的大伽蓝里，曾经住过因畏摄王威从河西蕃维等地送来的质子。这些质子受到优厚的待遇，学习佛教之后，允许回到各自的国土。七世纪玄奘旅行此地时,曾见到从地下挖掘当年由质子带来贮藏、以备修补伽蓝用的财宝。有报告说,在地下埋藏的一个铜严①中,有黄金数百斤、明珠数十颗。中国质子居住的僧院,现已确认在今阿富汗的肖特那库(Shotorak)。

玄奘还说到过那仆底(意为"中国王子分摊的土地",现印度东旁遮普州费罗兹布尔)。在北印度一带,原先没有梨树和桃树,质子自故国带来这些果树,当地住民深为感谢,由此而尊重质子的故乡之国。

三、说一切有部的发展

贵霜时代从秣菟罗到犍陀罗一带地区,一方面说一切有部、正量部、饮光部、法藏部、化地部、大众部等诸部派相继兴起,另一方面大乘也在各地逐渐增强了势力。但是,当时教团势力最为强大的是说一切有部。有部解释"诸法从缘起"中的"诸法"为有自性,认为诸法皆有实体而存在,这样,诸法因有时间上和空间上的因果关系,相互关联而形成世界,并认为没有生住异灭变化的法是"三无为"(择灭、非择灭、虚空)。与此相反,大众部诸部派却否定诸法有自性的说法,与有部关于过去、现在、未来三世中诸法恒有实体的见解相对,它主张只有现在

---

① 疑是铜柜一类,《大唐西域记》中未曾提到过它。——译者注

是实有的,而过去和未来是无体的。针对有部的三无为,大众部主张"九无为"(三无为、空无边处、识无边处、无所有处、非想非非想处、缘起支性、圣道支性)。这种对于诸法见解的不同,同时也引起了从心性问题到佛陀观念等见解上的相异,围绕各自所主学说和解释,相互之间发生了论争。随着论争的不断进展,各派产生了对所主学说的反省、进一步研究的想法,以及对教法和阐释需要整理、统一、分类的要求,于是出现了汇集诸部派主要思想学说的论藏。上座部编有的论藏有七论:Dhammasaingani(《法集论》)、Vibhaṅga(《分别论》)、Puggalapaññatti(《人施设论》)、Kathāvattu(《论事》)、Dhātukathā(《界说论》)、Yamaka(《双论》)和Patthāna(《发趣论》)。在思想史上尤为引人注目的是,以有部为主的部派推进了佛教论藏的发展。有部编纂的七论是《集异门足论》《法蕴足论》《施设足论》《识身足论》《品类足论》《界身足论》《发智论》(二十卷),传说其中的《发智论》(Jñānaprasthāna)是公元前二世纪中叶,为至那仆底的答秣苏伐那僧伽蓝(阇林寺)的迦多衍尼子(Kātyāyanīputra)所制作。总之,《发智论》确立了有部的教义。之后又出现了可以说是集有部教义之大成的《阿毗达磨大毗婆沙》(二百卷),迦腻色迦王时代的第四次结集,即是编纂这部论的(一说此论是迦腻色迦王以后克什米尔有部学僧编纂的)。此论汇集了婆沙四大论师世友(Vasumitra)、法救

(Dharmatrāta)、妙音(Ghoṣa)、觉天(Buddhadeva)的学说,也引用了克什米尔有部以外的有部宗义及其他学说。论中对数论、胜论诸外道的学说一一加以驳斥,以阐扬有部正统说。继此论之后,尚有可称为有部教义入门书或纲要书的《鞞婆沙论》(尸陀槃尼造,一卷)、《阿毗昙心论》(法胜造,僧伽提婆译,四卷),以及解释《阿毗昙心论》的《阿毗昙心论经》(优波扇多造,那连提耶舍译,六卷)、《杂阿毗昙心论》(法救造,僧伽跋摩译,十一卷)。这样,有部教学在法相设施上的重点逐渐趋于缜密,此派无论是从学说上来说,还是从教团的势力上来说,都占据当时佛教界的显著地位。

有部经典使用的是梵语,正如本书以后所要叙述的那样,当时印度西部和北方,因婆罗门教的兴盛,盛行使用梵语。马鸣用梵语诗歌(Kāvya)形式,写了佛教传记《佛所行赞》,又写了《犍稚梵赞》(Gaṇḍīstotragāthā)、《孙娜啰与难陀》(Saundarananda)、《舍利弗剧》(Sāriputraprakaraṇa)、《金刚针论》(Vajrasūci)等作品。他以佛教诗人而驰名,被称为赞佛乘派(Stotrayāna)之祖。以马鸣为先驱,后来产生了迦梨陀娑的各种作品,迎来了梵语文学的隆盛期。赞佛乘派诗人还有《一百五十赞颂》的作者马托里却他(Mātṛceta),据说他曾给迦腻色迦二世送过书翰(Kaṇikalekha)。

此外,孚维什伽王曾在秣菟罗建立过孚维什伽伽蓝(杰马勒布尔遗址),婆苏提婆治世期间也曾在西北印度和印度斯坦各地建立过佛塔。已经发现不少这些王发行的货币,货币上大多刻有这些王的肖像或湿婆神像。

四、犍陀罗美术

东西文化融合的结果,使贵霜王朝初期出现了希腊风格的佛教美术,迦腻色迦王统治时期是这种佛教美术的鼎盛期。这一美术以犍陀罗(今白沙瓦县)为中心,繁荣于东至塔克西拉,西至哈特和卡皮夏,北至斯瓦特等广大地区,叫做犍陀罗美术。犍陀罗地方的佛教盛行建立佛塔和僧院。佛塔一方面继承了古代中印度佛塔的伏钵状形式,另一方面又使基坛重叠,塔身部向筒状发展。此外还有一种院内僧房被设计成四方形新形式的僧院。还有各种雕刻装饰这些建筑物的内外部,尤为引人注目的是佛像和菩萨像的雕刻,这些作品使用了罗马帝政时代盛行的西方希腊美术的样式。几乎同时,在以秣菟罗为主要地区而兴起的秣菟罗美术,也开始有了佛像的制作,但那是纯印度式的表现手法。犍陀罗美术的思想背景,当然与有部为中心的部派佛教有关,但也不能不说没有大乘佛教的影响。总之,如后所述,这一美术对后来亚洲的佛教美术产生了巨大的影响。

第九章
印度教的形成和大乘佛教

一、婆罗门势力的动向

从旧有的雅利安文化圈的角度来看,印度从佛教成立期开始到孔雀王朝时期(公元前六—前三世纪),是以东方边境新辟地摩揭陀为中心的新兴势力的发展时期,促使这一发展的是掌握强大权力的王族和主要从事贸易的城市资产者阶层①。佛教和耆那教的迅速发展,完全是由于这些新兴势力的支持。

这一时期婆罗门阶层已经丧失了写作"奥义书"时候所能见到的那种创造力,完全采取了守旧的立场,但是它的势力却不见衰微。他们占有大半国家,在作为生产基地的农村以及社会和宗教等方面依然占据统治地位。中央的文化指导权也全

---
① 指工商业主。——译者注

部控制在他们手中。国家的统一和社会的安定取决于他们。但是另一方面,婆罗门以研究吠陀圣典为主,组织了祭事学(Kalpa)体系(包括《天启经》《家庭经》《律法经》《祭坛经》),从事音韵、韵律、天文、语源、文法等方面学问的研究,同时在南印度等新辟地区逐渐扩大其势力范围。

孔雀王朝灭亡之后的数个世纪(公元前二世纪—公元二世纪),是这种婆罗门势力渐渐强大,又一次掌握社会、文化、宗教主导权的时期。概括起来说,(1)在社会方面,《家庭经》和《律法经》作为权威经典制约着农村生活;(2)在文化方面,确立了婆罗门使用的语言——梵语的文法,使梵语成为在全印度范围内使用的语言;(3)在宗教方面,把各地方残存的部族信仰和民俗信仰全部包容在吠陀圣典的权威之下,纳入正统派的范围之中。关于第一方面,引人注目的是制定了《摩奴法典》,它被公认为具有分裂国家共通的比王权更强大的权威。在这种权威之下,确立了婆罗门是印度社会最高阶层的所谓等级制度。支撑这一制度的是变自由贸易为农村式闭锁型社会的自给自足的经济。关于第二方面将在婆罗门鼎盛时期的笈多王朝一章内加以说明。底下另节说明第三方面。

二、印度教的形成

以婆罗门为中心的雅利安人的发展情况,表现在吸收各地原有的土著信仰、顺应雅利安社会制度的部族社会的"雅利安化"。从《阿闼婆吠陀》的咒法要素和散见于奥义书中的新思想里,我们可以窥见这种发展的倾向性,特别是完成了国家统一之后,雅利安化的发展程度更为广泛而急剧。但是新要素的大量吸收,连婆罗门教本身也不能适应这一变化。雅利安化要求承认吠陀圣典的权威,祭祀的具体方法不能越出原有的等级制度,在信仰方面非雅利安式的土著要素占有相当大的比例,相反吠陀圣典中所说的神的权威却比较低下。这种混合着民俗信仰的新宗教就是今天在印度人中间信奉的宗教的母胎,因为信奉的人们被称作印度①,故一般称之为印度教(Hinduism②)。

印度教的核心要素,一是以毗湿奴(Viṣnu)为崇拜对象的一神教巴克提信仰(Bhakti),二是以湿婆(Śiva)神为主要崇拜对象的对原始诸信仰——精灵、生殖器、母神等的崇拜。其中毗湿奴崇拜一般是把它作为唯一神,称之为"世尊"(bhagavat)来信仰的,认为由于神的恩宠,信徒谁都能得救。一般推定,毗湿奴崇拜起源于乔达摩·佛陀时代以前北印度的混血种雅利安人王族中间。"世尊"早在吠陀圣典中就以唯一神毗湿奴的形象出现了。这一信仰的代表经典是今天仍在印度教中奉为根本圣典的《薄伽梵歌》。那里对神的纯粹信仰(巴克提),比起

---

① 原文 Kindū,音译欣度,与 India 不同,这里为与后面的印度教相应,故作此译。——译者注
② 也写作 Induisme。——译者注

奥义书从知性认识来求解脱和吠陀式祭祀的实践，更加强调寻求完善的拯救之道。这本书现在已被编入叙事诗《摩诃婆罗多》之中。《摩诃婆罗多》里面还有许多其他有关毗湿奴崇拜的记事，记载着这一信仰同王族之间的密切关系。

毗湿奴崇拜的第二个特点是"化身"(avatāra，权化、权现)的思想，《薄伽梵歌》中提倡毗湿奴崇拜的克释挈(Krsna)即是毗湿奴的化身。另一叙事诗《罗摩衍那》(Rāmāyana)的主人公罗摩后来也被视为毗湿奴的化身。这些化身都分别受到崇拜。化身说宣扬唯一神的信仰，同时又吸收了其他各种信仰方式，成为印度教发展的有力武器。

湿婆崇拜比起毗湿奴崇拜，是内容更为复杂的混合物。湿婆原为山神，带有强烈的土生土长的要素，一般认为它是在古代一群特定的苦行者中奉行的信仰。湿婆崇拜与同样普遍流行的土著信仰生产之神——母神相结合，便成为基于阴阳二原理的宇宙生成的创造神。阴阳二原理也见于奥义书之中，它同后来的数论哲学思想也有关系，实际上这种信仰接近原始的生殖器崇拜。它比毗湿奴信仰较晚纳入正统思想，但对后世密教的形成却起了很大的作用。

毗湿奴崇拜和湿婆崇拜相互影响而发展，公元以后，印度编纂了各种新的古谭，建立了印度教的神殿，在那里毗湿奴、湿婆、梵天被并称为三神一体。

三、大乘佛教的兴起

也许是受到印度教的刺激,与印度教的形成相对应,佛教也在公元前二世纪左右开始掀起了新的运动。以出家人为中心的部派佛教从事阿毗达磨的研究,并逐渐专门化,作为对部派佛教的一种反动,在家信徒中间兴起了一种佛教新运动。

乔达摩·佛陀入灭时,荼毗的仪式由信徒们来处理。根据信徒的要求,佛舍利被分在八处,初期经典说因此而有了佛塔。可能当时守卫佛塔是在家信徒的任务,于是不久便诞生了以佛塔(Stūpa)为中心的信徒集团。出家人遵循佛陀的遗训,恪守法即佛陀的基本教说,而对于守塔的人们来说,与佛陀教说的内容相比,对释尊的憧憬才是其信仰的依据所在。这种憧憬和崇拜逐渐把佛陀超人化、神格化。这种情况在大众部系的教理上可以看到。这里无疑有着在家信徒的大力支持。

有这种信仰的佛教,与印度教的巴克提崇拜相类似,不仅仅只是少数出家人的宗教,而是以拯救不能出家的大众为目的的宗教。这种拯救依据的就是佛陀的慈悲精神,从而产生了代替佛陀而实践慈悲行的理想化的人的形象,即菩萨(bodhisattva)。菩萨原意为"求觉悟之人",曾经是成道以前的乔达摩·佛陀的称呼。在本生谭里,它被扩展为佛陀前身(本生)的称呼。本生谭里的菩萨为了众生,做布施等善行,这种功德的累积,结果就修证成佛陀。因为本生谭是为教化民众而编的故事集,以佛赞为基调,所以与这一新运动的形成有着密切的关系。以慈悲为依据的布施等内容,叫做"六波罗蜜"(Pāramitā),以此可以不断产生新的菩萨。对菩萨来说,救济众生是为了实现发心之际所立的誓愿(Praṇidhāna,本愿,Pūrvapraṇidhāna),别无所求,慈悲行就是把由觉悟所得之果还送给众生的一种回向(Pariṇāmana, Pariṇamana)。

随着这一运动的发展,为了表现其独自的思想,他们编纂了新的经典。在这些经典中,他们把自己叫做大乘(mahāyāna),把以前的佛教贬称为小乘(hīnayāna),这样就把以利他为宗旨的菩萨行同以自利为目的的声闻(śrāvaka)行严格区别开来。根据这一命名,这一新的运动叫做大乘佛教。

四、初期大乘经典

1.《般若经》

一般推定大乘经典在公元前一世纪到公元一世纪之间成立,其中哪一部是最早成立的经典,现在尚难确定。但是阐述大乘佛教的基本教理、确立大乘佛教根本立场的,其功绩当归之于《般若经》。

《般若经》数量庞大,种类繁多。现在知道的有以玄奘翻译的《大般若波罗蜜多经》六百卷为首的般若经类,其中最接近原始形式的是《八千颂般若》(Aṣṭasāhasrilkāprajñāpāramita,《小品般若》),以及由此逐渐扩展而制作的《一万八千颂》、《二万五千颂》(罗什译《大品般若》)、《十万颂》等。此外尚有《般若经》的精华或者阐述经中某一主题的小部般若经类(例如《金刚般若经》《文殊般若》《般若心经》和《般若理趣分》等)。玄奘所译的六百卷无非是《般若经》最后的集大成者。

《般若经》主要阐述的是六波罗蜜多中最后也是最基本的"般若波罗蜜多"[①],探求菩萨实践的终极。由般若波罗蜜开显的真理,叫做"无所得""空"。所谓空(śūnya)无非是以往"诸行无常、诸法无我"这种缘起理法的新的表现。一般认为,这种主张的背景是对有部等传统佛教"法体实有"说的反驳。这种教理上的洞见,是用以对抗以往佛教所传经典,从而确立新经典权威的一种不可欠缺的准备工作,但它单靠在家信徒的力量还是无济于事的,也许还得到了一批属于旧部派但对大乘佛教并无厌恶的出家人的协助。

《般若经》本身记载说,此经"在南方兴起,扩展到西方、北方",但从上述同有部对抗的情况来看,《般若经》原形的成立地点可以推定为北印度。

2.《法华经》

接受《般若经》的空观思想,继承佛赞和佛塔崇拜,并在这

---

① 意为以智慧度到彼岸。——译者注

个发展基础上建立新的佛陀观的是《法华经》(Saddharmapuṇḍarīka,《妙法莲华经》)。

《法华经》的中心思想是,释迦在拘尸那羯罗的入灭是善巧方便,释迦佛的本体是"久远实成"的。因而佛的教说的根本就在于这个久远实成的"法身佛",声闻、缘觉、菩萨三乘说只不过是方便之说,其实只有佛这一乘。这就把所谓小乘的教说作为方便说而被吸收进大乘之中,同时也积极地保证声闻亦能成佛(授记),发扬了观世音菩萨化导等菩萨的方便、慈悲行。特别是此经运用了巧妙的譬喻,具有很高的文学性,为许多人所接受。但是另一方面,因为过分强调了此经的受持和诵读的功德,从而产生了排他的倾向。这也可以说是反映了初期大乘教团的地位和特征。

3.《华严经》

同《般若经》一样,立足于空观思想,认为只有空观思想才是佛的觉悟内容,并把自我内证的世界作为"妙有",这就是《华严经》的表现方法。这部经典现存《大方广佛华严经》(佛驮跋陀罗译六十卷,实叉难陀译八十卷,西藏译等),一般认为是华严经类的集大成者,是经过逐渐扩大增加而成的。其中以叙述菩萨修行阶段的《十地经》(Daśabhūmika)和以善财童子求道故事为主的《入法界品》(Gaṇḍavyūha,《不可思议解脱经》)成立的时间最古。

全篇的构思是佛陀成道之后经过三十七天"三昧"(叫做

"海印三昧")的内观,而显现出来的世界(法界)是毗卢遮那佛(Vaiocana,大日)的世界,一切存在皆是重重无尽的缘起,不出毗卢遮那佛以外。这毗卢遮那佛从教理上来说是法身。法身是代表真理的佛陀,佛即法。法身的本质在于觉悟的智慧,用太阳的光明来作比喻,这就是此佛命名的由来。慈悲行则是遍照法界的智慧之光自然而起的一种行动。

这种真理观反过来说,是对菩萨要求通过六波罗蜜的实践来观得"三界唯心"。《十地经》把这种真理观置于第六地,认为可由修习般若波罗蜜来取得,此外又追加了四地和与此相应的四种波罗蜜。十种波罗蜜的最后一种是济度众生而行的佛智,与般若波罗蜜结合起来强调自利利他的相即。"十地"说以后得到进一步的发展,作为大乘菩萨道的基本形态而受到重视。

4. 净土经典

以觉悟为普遍目的的大乘佛教,其理论上的归结是承认三世十方诸佛的存在(特别是现在多方佛),因而改革了以往的一时一佛说,同时作为信仰的佛教,也提倡对诸佛的崇拜,宣传由诸佛对众生的救济。十方诸佛分别有各自的佛国土,这是同现今世界即"娑婆世界"不同的理想境界(净土)。觉悟被这种往生净土所替代。这也可以说是一种与印度教中一般所说的生天的果报相对应的佛教独自的构思。这种果报观,起先表现于净土思想中对未来佛弥勒(Maitreya)现在住处的兜率天

(Tuṣita)的往求,而后来对十方现在佛及其佛国土的往生却表现得最为显著。十方现在佛中有名的是东方阿閦佛(Akṣobhya)的妙喜国和西方阿弥陀佛的极乐世界,尤其是后者,由于经典的完备,逐渐形成根深蒂固的信仰而普及起来。

阿弥陀佛的经典类(《阿弥陀经》,Sukhāvatiryuha 等)的起源,可以上推至公元一世纪,但在教理上有着《华严经》的影响。阿弥陀佛的定型,是在出现这些经典之后。

阿弥陀佛有"无量寿"(Amitāyas)、"无量光"(Amitābha)两个名字,这两个名字表明了它的内容。阿弥陀佛是法藏菩萨(或比丘)的后身,是法藏菩萨经过长时期的修行,实现发心时所立济度众生誓愿的结果。对佛来说,它始终处于极乐的状况,无所谓入涅槃,所以叫做无量寿,这是《法华经》久远实成佛思想的发展;而智慧之光,十方无限,能救济一切众生,所以叫做无量光,这里有类似毗卢遮那佛的特征。阿弥陀佛是佛在时间上、空间上具有无限性的象征。

但是阿弥陀佛崇拜中最显著的特色,比起阿弥陀佛陀观来说,更重视的是法藏菩萨的誓愿,从这里可以看到佛的慈悲的基础。主张众生用念佛、称名来表现对阿弥陀佛的信仰,由此而得极乐往生,取得与佛同等的地位,这也就是这种单纯简明的信仰方式在民间得以普及的最大原因。这种信仰似乎与毗湿奴派有着密切的关系,而且受到波斯宗教的影响,其成立的地点大致可以推定在西北印度。

5. 其他源泉

阿弥陀佛崇拜中的"念佛""观佛",本来是进入禅定(三昧)之后所得到的观想。因此,三昧的修习是对大乘佛陀观的发展,也有着不可忽视的巨大贡献。初期大乘经典之中,有许多关于种种观佛尤其是三昧实践方法的指导书,特别是《般舟三昧经》(Pratyutpannasamādhi)和《首楞严三昧经》(Śuraṃgamasamādhi)曾经起过很大的作用。不仅是佛陀观,《般若经》的空观也是从修习三昧中体得的。《华严经》的唯心观也可以说是对佛、法两个方面的观想功能,在理论上作考察的结果。

此外,《维摩经》进一步发展了《般若经》的空观思想,主张生死(轮回)和涅槃、烦恼和菩提的不二性,认为秽土即净土,现实的日常生活之中即有理想境界,强调在家的意义。从《郁伽长者经》和《华严经·净行品》中,我们可以看到当时在家教团的实际情况。这种在家性可以说是大乘佛教的本质,维摩居士(Vimalakīrti)是所谓大乘在家主义的象征。但是,在教理的组织化、三昧的指导等方面,出家修行者的作用却是出乎意料之大。尽管不能忽视在家信徒在经典制作上有着巨大作用,但教团的实际权力还是逐渐落在出家者的手中。关于大乘佛教与部派佛教的关系,今后还有待于进一步的研究。

第十章
娑多婆汉那王朝和佛教

一、南印度的形势

公元三世纪由于南印度人龙树(Nāgārjuna,150—250)的出现,大乘佛教的教理得到了飞跃的发展。南印度是《般若经》的故乡,与大乘佛教存在十分密切的关系,因此这里想再次回溯到公元二世纪,以南印度与佛教的关系为中心,探讨一下当时的历史形势。

在北印度,从希腊系诸王朝开始,此后经过塞种人、贵霜人统治的时代。而在同时,位于温德亚山脉以南的地方,范围虽有变化,但一直属于娑多婆汉那王朝统治下的案达罗王国,社会比较安定。这个王国原在德干高原中部,是哥达瓦里河的上游一带兴起的部族国家。虽曾处于孔雀王朝的统治之下,但在孔雀王朝崩溃后取得独立,以派坦(Paithan)为都逐渐向东扩张势力,在公元前一世纪沙塔伽尼王的时代,灭了东方的羯陵伽王国,占有西从纳巴达河口,东到哥达瓦里河、克里希那河口的广大地区。它在一世纪由于塞种人出入西印度而曾暂时失去西方领土,但此后在乔达弥普特拉国王的时候又夺回西印度,直到三世纪末仍保持强大的势力。这个王国在进入公元后的繁荣,可以认为与通过海路同罗马帝国的贸易有关。

佛教是在孔雀王朝的时候传入南印度的,此地对婆罗门教的势力来说也是新的。娑达婆汉那王朝曾积极地吸收婆罗门教,推行本国的雅利安化。在构成印度教的新的要素之中,包含着许多南印度民俗信仰(如龙的崇拜等)的成分,它们对佛教也有影响。南印度案达罗王国内著名的佛教据点有包括西部纳纳伽德、纳西克、加里罗在内的石窟寺院群,东部接近克里希那河口的阿马拉瓦底的僧院。其中,西部的石窟寺院群属犊子部系统,东部的阿马拉瓦底僧院则属于大众部系统的制多山部。龙树山(Nāgārjunakoṇḍa)的僧院据传是由龙树建立的,这里存有大众部系的碑文,由于南传巴利语系佛教是以案达罗派之名记述大众部的,所以可以认为案达罗佛教是以大众部系佛教为主的。既然大乘佛教是在南印度兴起的,那么也应当承认,如同传说的那样,大乘佛教与大众部有着密切的关系。同时随着大乘佛教运动向西印度的扩展,也与上座部系统的犊子部有交涉,进而以塞种人及当地的教团为中间环节,发展到北印度。据此而论,可以说《般若经》中的有关记述是以历史事实为背景的。

二、龙树

据说龙树出生在德干高原的温达拉巴地方,年轻时精通婆罗门教,以后皈依佛教出家(说一切有部)。但他对小乘部派佛教的学说并不满意,于是游历各地,寻求大乘佛典,遂通晓大乘教理,建立了庞大的教说体系。晚年回到南印度,受到娑多婆汉那王朝的保护,住在克里希那河中游的黑峰山,死于龙树山。据推测,龙树学习大乘佛典的地方当是贵霜王朝治下的北印度。

龙树的主要业绩是:(1)撰述《中论》等书,为《般若经》的"空"思想奠定了富于逻辑性的理论基础;(2)与此相应,确立了依据空观立场的论证方法;(3)为诸种大乘经典写注释,阐明大乘佛教的完整体系。此外,他为娑多婆汉那国王写的介绍治国施政之道的《宝行王正论》(Ratnāvalī),是表现大乘佛教的社会观和政治观的宝贵资料。

三、空的论证法与中道

龙树的主要著作《中论(颂)》(Madhyamakakārikā),用颂的形式对"空"思想进行考察,从"观因缘品"开始共有二十七品,由五百颂组成。开头以超越生灭、去来、一异、断常的对立的"八不",来表述作为佛教根本真理的缘起,对持固定的见解表示彻底的否定,并把这种否定的理论称为空,表明空性(śūnytā)无非是缘起。它所依据的乃是诸法无自性(niḥsvabhāva)的原理,而所谓缘起＝无自性＝空,无非是指诸法实相(tattvasya lakṣaṇam, dharmatā)。诸法实相虽然本来是超越语言表现领域的,但为了适应修行者的实践也必须有一些语言的表现,这种立场被称作"假"(prajñpti,施设)。把诸法看作"有"的说法,是终究要被排除的"戏论"(prapañca),然而作为方便的手段,从假的立场上去说,还是被允许的。超越语言表现的终极的立场被称为"第一义谛"(Paramārthasatya,真谛,胜义谛),方便的立场被称为"世俗谛"(saṃvṛti-satya,俗谛;vyavahārasatya,言说的立场),龙树站在第一义谛的立场上,对旧来的四谛、十二缘起、涅槃、业等学说进行批判,否定去来、染净、作作者等的对立概念,同时承认语言表现的相对价值,把所谓"空"看作是使真俗二谛融为一体的根据,称此为脱离二边的"中道"(madhyamāpratipad)。这便是《中论》命名的由来,在这里可以看到佛教实践的原动力。此后,"二谛"说与"中道"说作为大乘佛教基本的真理观和实践观,发挥了重要的作用。

龙树破斥敌采用的论证方法叫做"应成(随应破)"(prasaṅga)论法。这是彻底追究对方理论的矛盾,使其承认过误的方法。

《回诤论》(Vigraha-vyāvartanī)、《六十颂如理论》(Yuktiṣaṣṭikā)等,就是以运用这种方法驳破外教学说为主要内容的书。

四、大乘佛教的综合

上述的二谛学说是以《法华经》的"一乘真实""三乘方便"之说和《法华经》《华严经》所涉及的法身、化身的佛身观为背景而成立的,它们之间有着密切的关系,更重要的是,二谛学说是以佛教教义的综合为目的的。《大智度论》在另外的方面完成了同样的综合。此书虽是《大品般若经》的注释,但书中引用各种大乘经典,吸收了部派佛教的学说,很像是一部佛教百科全书。此书的基本内容是把《般若经》所说的"般若波罗蜜"看作是大乘佛教的普遍原理,称之为"共般若";而把《法华经》《华严经》等经所说的内容,看作是佛站在不同立场上宣说的特殊教法,称之为"不共般若"。此外,《十住毗婆沙论》作为《华严经》十地说的解说,也引用了很多经典,对菩萨思想、教团、实践修行作了论证,其"易行品"则对净土思想进行了发挥。构成此书基本思想的是"三界唯心"说。

这样,龙树对以往佛教思想作了系统总结,在多方面都作出了贡献,因此在后世,中国和日本把他称为"八宗祖师",由于龙树的名声很高,以至于一些包括密教在内的书也伪托是他作的,在印度南部也产生许多关于他的传说,有的甚至称他是位炼金术师。

五、龙树的后继者们

龙树学说正统的后继者,致力于向佛教内外宣扬空的思想的,是同样出生于南印度的提婆(Āryadeva,或意译圣天)。因为他激烈地排斥其他宗教派别的学说,最后遭受外教的杀害。他的思想反映在所著的《四百论》(Catuṇśataka)、《百论》(Śataka)、《百字论》(Akṣaraśataka)之中,以"破邪"为主旨,主要批驳当时的吠陀说、奥义书论师以及刚刚形成为宗派的数论派和胜论派的学说。

在中国,《百论》与龙树的《中论》《十二门论》被并称为"三论",三论宗就是以此三论为基本依据而创立的。

提婆之后有罗睺罗跋陀罗(Rāhulabhadra),此后的传承不明。为《中论》作注释的青目(Piṅgala)和为《百论》作注释的婆薮(Vasu?)大概是活跃在三、四世纪的后继者。中观学派(Mādhyamika)是以《中论》为依据而形成的,六世纪以后它的传统又得到复兴。

第十一章
笈多王朝时代的佛教

一、印度的再统一

四世纪初,在摩揭陀兴起的旃陀罗笈多(Candragupta,320—335)平定了中印度,创立了笈多王朝(320)。到其子萨摩陀罗笈多(Samudragupta,335—375)时,继征服北印度后,又征服了南印度,最后,在经历了孔雀王朝以来的五个世纪之后又迎来了印度的统一。这样,长期由西北印度的外国势力和南印度边远地区势力所控制的政治统治权,又回到了雅利安国土的印度中原地区,这对文化的发展有重要的意义。与历代国王的文化政策相应,婆罗门教、梵文文学进入了空前的兴盛时期,而佛教在宽容的宗教政策之下也取得了进一步的发展。

五世纪初,在笈多国王的支持下,在那烂陀(Nālandā)建立了大寺院。它本身具有象征的意义,意味着随着印度统一国家的出现,佛教中心又回到它的故乡摩揭陀。在这个时期,大乘佛教开始把基地移到恒河流域,说一切有部的中心虽然仍在克什米尔和犍陀罗一带,但也开始向这一地区传播。在后来的时代,据七世纪到印度留学的中国僧人玄奘记载,那烂陀是大小乘兼学之地,看来这种状况起源于笈多王朝。

二、佛典的梵语化

这个时代佛教所面临的一个不可回避的课题是与婆罗门教的竞争,佛典的梵语化就是以此为背景而进行的。本书第九章已经介绍过,从公元前三世纪以来,梵语作为文化语已渐趋于固定,而佛典的梵语化早在贵霜王朝和案达罗王国之时就已进行。佛教比丘马鸣同时是个梵语宫廷诗(Kāvya)的先驱者,而龙树的著作也全是用梵文写成的。这些外来人所建立的国家或处于边地的国家反而欢迎雅利安化,受其保护的佛教对此也只有赞成。可是,佛教在二世纪除了说一切有部以及受其影响较大的一部分大乘经典以外,一般仍使用俗语或混入大量俗语的不完全的梵语(佛教梵语)。

笈多王朝以梵语为公用语的规定,推进了佛典梵语化的过程。由于与婆罗门教对抗和接受中央王朝权威而发生的佛典梵语化,不仅使佛教对婆罗门教的影响增大了,而且反过来使婆罗门教对佛教的影响也增大了。因为佛教抛弃了俗语而完全采用梵语,是与佛教的基本立场相对立的,所以随着佛教专门化的加强,佛教与民众的距离也越来越大了。大乘佛教曾经对部派佛教的专门化进行批判,而自此以后,急速地发展阿毗达磨(论),这是这个时期决定佛教命运的重大现象。

三、说一切有部和经量部

在贵霜王朝时代编纂《大毗婆沙论》,确立了理论体系的说一切有部,后来分裂为迦湿弥罗(克什米尔)系和犍陀罗系而继续发展。世亲(Vasubandhu)的《阿毗达磨俱舍论》(Abhidharmakośa)是属于后一系统的著作。

《俱舍论》把一切法归结为五位七十五法,接着对业、烦恼进行了论述,对圣者的阶位和定、慧的修行实践作了说明,系统地总结了说一切有部的理论,在此后很长的一个时期内,它被作为说一切有部的纲要书的代表而受到尊重。但此书包含着从经量部的立场批判有部的内容,因此迦湿弥罗系的有部学者对此书不予承认。众贤(Saṅghabhadra)著《顺正理论》反驳世亲的学说,又著《阿毗达磨显宗论》论述自己的主张。《俱舍论》虽然特别受法救《杂阿毗昙心论》的影响,但却有与《大毗婆沙论》相异的思想倾向;它是犍陀罗系的著作,与保守的迦湿弥罗系有所不同,而与经量部有密切的关系。

经量部本是说一切有部的分派,这在《大毗婆沙论》中已有记载，书中作为异说而加以斥责的譬喻师童受（Kumāralāta）、室利罗多（Śrīlāta）是其先驱者。与说一切有部以阿毗达磨为重点相对，经量部（Sautrāntika）特别重视经藏并以此得名，其学说受到大众部较大的影响，主张法"假有"，并立"种子"（bīja）说，以色心互熏说来说明"业"。认为种子引生业，是流转轮回的主体，这种说法对大乘阿赖耶识说的提出有很大的影响。

属于这个系统的有诃梨跋摩（Harivarman）的《成实论》。本书虽以"四谛"说建立自己的理论体系，但因为受龙树所确立的大乘的空思想的影响，主张人我、法我二空，所以它当形成于三至四世纪（世亲的年代一般作公元 320—400 年，也有的作 400—480 年，从与笈多国王的关系来说，后说比较妥当，但从与《楞伽经》的关系来看，此说也有问题）。

四、大乘经典的新倾向

由龙树一度综合的大乘佛教，伴随教理的发展，又要求编著新的经典。在二至四世纪，除了《般若经》《华严经》的增广和集成之外，还出现宣传新教理的各种经典。但从这个时期佛典的整体特色来说，与前代的《中论》那样以对诸法的考察为重点相对，它们是以已经确立的空思想为依据，把这种思想作为主体方面的问题，以探究心的本质为重点的。这当是《华严经》的唯心思想的直接继承与发展，与此同时，本经的法身思想也得到发展,它与净土教的佛陀观结合,形成了法、报、应的三身说。

这两个问题,即佛陀观与作为实践主体的众生之心的问题互相影响、交会,又产生了两种新的思想。一个是从心、佛共通的理想方面进行考察的"如来藏"说;另一个是从分析心的现实机能出发的"唯识"学说。属于前者系统的有《如来藏经》《胜鬘经》《涅槃经》等,属于后者系统的以《解深密经》为代表。两个系统都编纂了各自的论书,使经典本身带有明显的理论色彩,除一部分之外,它们失去了初期经典所具有的那种文学性。这也可以看作是这个时期大乘经典的一个新倾向。

五、如来藏思想

对作为实践主体的心的考察,早已是原始佛教以来的课题。其基本思想可用"自净其意"这句话来表现,特别是大众部系统,又提出了"心性本净,为客尘染"的"自性清净心"的主张。以这种自性清净心为依据,再吸收法身的普遍性和佛的慈悲的思想,便形成了大乘佛教的"心性本净"说。自性清净心向上发展便是"菩提心",清净心的存在才使作为果的菩提成为可能。把菩萨的实践与自性清净心结合起来说的佛经有现存《大集经》所包含的诸经,而《智光明庄严经》则说自性清净心的根据是法身思想。

对具有这种性格的心最早赋予"如来藏"之名的经是《如来

藏经》。此经据《华严经·性起品》所说佛智的周遍圆满和法身的普遍性,宣说众生皆在"如来"所摄之中,是如来的胎儿(tathāgatagarbha,如来藏),并借助种种的譬喻加以说明。这种思想虽为《不增不减经》《胜鬘经》所继承,但后者把如来藏说成是"在缠位之法身"。《胜鬘经》还强调《法华经》所主张的一乘思想,以如来藏说作为它的归结。

把这种如来藏与佛的本质的一致性,称作"佛性"(buddhadhātu)的经是《涅槃经》。《涅槃经》以佛陀的入灭作为背景,采用原始佛教《涅槃经》的形式,以大乘一乘教为基础,宣说如来法身常住不变和佛性的普遍性(一切众生,悉有佛性)。它对后世佛性思想的发展产生了极大的影响,特别是它主张被认为没有佛性的一阐提(icchantika)也有成佛的可能性,是显著的特色。

在五世纪,《宝性论》(Ratnagotravibhāga)这部论书对如来藏思想作了系统的论证。

六、瑜伽师与唯识思想

大乘佛教在思想方面的谱系虽然相当清楚,但从其教团方面进行考察,仍有很多不明之处。其中被认为形成较早,具有自己的思想,最富有特色的是"瑜伽师"(yogācāra,瑜伽行者)。所谓"瑜伽师"就是以修习禅观为主要实践的比丘,他们与阿毗达磨论师并行,即使在说一切有部也有这一系统,这从《修行道地经》《达磨多罗禅经》等可以推测出来[这两部经原名皆为《瑜伽师地论》(yogācārabhūmi)]。大概各类三昧经典的一部分是由这一系统的人编著的。恐怕在与说一切有部的瑜伽师有关系的一群人之中,有特别信奉《华严经》,并把体验此经的唯识观作为修行实践目标的人,正是由他们制定了称作"唯识观"的独特的观法,并把这种禅观的内容加以理论化,提出了心的本质在阿赖耶识(阿梨耶识,ālayavijñāna)的唯识学说。《解深密经》是作为这种学说的理论根据而被编著出来的,而《瑜伽师地论》(原名与《修行道地经》等相同)则是其实践体系的总结。

《解深密经》(Sandhinirmocana)把《般若经》的空的思想作为"密意",把阐明空的思想的自家之说称为"了义"(nītārtha),当作最终的法轮,而把以前的教说一概称为"未了义"(neyārtha)。具体说来,这个"了义"说的内容是:把龙树所说的"一切法无自性"义分为遍计所执性(parikalpita)、依他起性(paratantra)、圆成实性(pariniṣpanna)的"三性"(trisvabhāva),认为第一性是由于凡夫的迷执而产生的妄相,第二性是这种迷执所依据的缘起性,第三性是达到觉悟境界所认识的诸法实相,归根结蒂,这三性都是无自性的。由此,三性所显现的诸法都与心的状态有关。所谓"依他起性",即是缘起,也在于众生之心。它作为使遍计所执性得以显现的种子,叫做"阿赖耶识",或称"阿梨耶识"。此识是轮回的主体,如果除去此识,便失去了觉悟的基础。唯识学说受说一切有部、经量部等发达的心识说的影响是很大的。

《瑜伽师地论》对《华严经》的十地说有所发展。全书以包括声闻、缘觉、菩萨三乘的阶位(地)作为大纲,由十七地组成。地的区别是以种姓(gotra)的差别,即"五姓各别"说为依据的,与前面所述的如来藏思想有显著的不同。十七地中的"菩萨地"(Bodhisattvabhūmi)最为重要,在这里可以看到作为大乘瑜伽师的依据和特色。这本来是独立的书,古代也曾被看作是经(有《菩萨地持经》《菩萨善戒经》)。此论的现在形式,有关十七地的部分是"本事分",后面"摄决择分"以下有四分。书中引用《解深密经》,并对阿赖耶识及其他唯识学说的重要理论进行解释。它的问世要稍晚一些。

七、唯识学说的系统化

《瑜伽师地论》,被看作是弥勒(Maitreya)所著。他被认为是无著(Asaṅga)之师,以中印度阿逾陀为基地从事传教活动。他虽然被看作是一位瑜伽师,把以往瑜伽师之说集成为《瑜伽师地论》,但关于他的实在性,因为与作为未来佛的弥勒菩萨混同,也被认为仍有可疑之处。

现在被看作是弥勒著作的还有:(1)《大乘庄严经论》(Mahāyānasūtrâlaṅkāra);(2)《辨中边论》(Madhyāntavibhāga);

(3)《法法性分别论》(Dharmadharmatāvibhāga);(4)《现观庄严论》(Abhisamayālaṅkāra);(5)《金刚般若经释论》(七十颂,Kārikā-saptati);如果根据西藏佛教的传承,还包括《宝性论》(本颂,皆为韵文)。其中对唯识说最重要的著作是(1)至(3)三种,(1)总括了"菩萨地"的要项,又概括了大乘经的特点;(2)(3)是讲法的本质,都是以三性说为基础的空的解释,并吸收了如来藏说。

对弥勒的学说进行介绍,并把唯识学说加以系统化的是无著与其弟世亲。他们都出生于犍陀罗之都富娄沙富罗,无著出家不久便皈依大乘,并劝著有《俱舍论》而十分活跃的弟弟世亲也加入大乘。

无著在祖述师说的同时还著有《摄大乘论》,确立了以唯识学说为基础的大乘实践体系。在《大乘阿毗达磨集论》(Abhidharmasamuccaya)中,他把从《瑜伽师地论》以来所使用的唯识学说的用语作了分类整理。

《摄大乘论》是据《大乘阿毗达磨经》《大乘庄严经论》而写的。全书分十章(十相),开始的三相讲阿赖耶识、三性、唯识观,下面的五相讲六波罗蜜、十地、大乘的三学等修行论,最后的二相论述作为得果的转依、无住处、涅槃,作为佛智作用的自性、受用、变化的三身。所谓"转依"即转识得智,是用以表达"解脱的唯识"说的术语。此外,《顺中论》(对《中论》缘起品的解释)、《显扬圣教论》、《六门教授习定论》等,也是无著所著。

世亲在皈依大乘以后,对弥勒、无著的著作进行了注释,宣扬唯识学说。晚年写了唯识说的纲要书《唯识二十论》(Viṃsatikā,颂与释)、《唯识三十颂》(Triṃśikā)。前者是驳斥佛教内外其他学派的学说,论证唯识无境;后者的前半部分是讲依据阿赖耶识的诸法转变(paṇṇama)的次第,后半部分讲修持唯识观达到转依的实践。此外,世亲还写了《三性论》,把识的转变置于比三性说更为重要的地位。这是世亲学说的特点,以后的唯识说主要是以《唯识三十颂》的注释为要旨的。

世亲还著有《大乘百法明门论》《大乘五蕴论》,除系统论释唯识学说的法相之外,还对《法华经》《十地经》《无量寿经》《金刚经》等大乘经典作了注释,又写了《成业论》。他的著述活动几乎涉及大小乘的一切方面。

无著、世亲及其后继者们,按旧来的传承被称为"瑜伽行派"(Yogācāra),同时,从学说来看,又被叫做"唯识论者"(Vijñānavādin)。

第十二章
笈多王朝分裂后的佛教

一、哒的侵入

五世纪末,西北印度在经历了很长时间以后,出现了异民族的新势力。与匈奴有着亲缘关系的哒人(Ephtalites)侵入了这个地区。经过哒国王托腊马拉(Toramāna)、米喜拉库拉(Mihiragula)两代的侵扰活动,笈多王朝日趋衰亡。西印度的耶输达尔曼(Yaśodharman)虽曾击败米喜拉库拉(528),使印度的安全得以保卫,但帝国已经分裂,王朝崩溃。

在克什米尔地区,佛教受到哒国王米喜拉库拉的迫害,此地的说一切有部一度灭亡。他的灭佛对佛教思想发生巨大的影响,是"末法思想"兴起的原因。可以认为,《大集经》的后半《日藏分》《月藏分》以及《莲华面经》等就是经过这灭佛体验之后而编著的。

此后，印度除由戒日王（Harṣavardhana）一度统一（606—646）外，一直处于分裂的状态，最后是伊斯兰教的侵入。与政治的分裂成反比，在婆罗门的权威之下，社会文化却取得了共同的发展，北印度以湿婆派为中心，南印度以毗湿奴派为中心，印度教迅速地发展起来。

在这种形势下，佛教以那烂陀寺为基地，通过瑜伽行派和中观学派的争论，使佛教理论得到发展。这时，虽然说一切有部、经量部、正量部等仍作为有力的部派继续存在，但是最后被吸引了大量民众的密教所压倒。关于密教将于后章介绍，这里仅以瑜伽行派、中观学派的盛衰为中心进行一些考察。

二、如来藏思想的命运

如来藏思想在唯识学说中对法身思想、佛身观等的形成产生了极大的影响，但它在理论上的组织化却似乎是由瑜伽行派进行的。《宝性论》是坚慧（Sāramati）作的释论，其中引用了《大乘庄严经论》，使用了许多唯识学说的用语，但却没有提到阿赖耶识。同系的论书还有《大乘法界无差别论》，而《无上依经》和题名为天亲作的《佛性论》，可以认为是此论的改作。

《楞伽经》（Laṅkāvatāra，入楞伽）既接受了如来藏思想又把如来藏与阿赖耶识等同视之，试图将二者融合起来。因为此经未被世亲的著作和《宝性论》引用，所以被看作是它们之后的作品。但作为此经素材的一些部分则很古,从汉译年代(443)来推论,它当形成于五世纪初。全经的基调是唯心说。

与《楞伽经》一样,把阿赖耶识与如来藏同一视之,而以真如(tathatā)作为整体进行论述的有《大乘起信论》。它的作者虽被认为是马鸣,但这或是假托,或是另一个人,肯定不是二世纪称作马鸣的佛教诗人作的。也有的学者认为是中国人的撰述。

此论和《佛性论》等的译者真谛(Paramārtha,496—569),译出很多唯识经典,特别重视如来藏思想,很可能在瑜伽行派中有这样一系的学者存在。可是,既然把如来藏与阿赖耶识等同视之,那么,这也就说明如来藏思想已被唯识学说吸收,失去了它存在的独立性。

三、瑜伽行派

在世亲之后,五、六世纪唯识学说成为那烂陀寺学问的主流,众多论师辈出,形成以德慧(Guṇamati)、安慧(Sthiramati,470—550)为代表的无相唯识派(Nirākāravijñānavādin)和陈那(Dignāga,420—500C)、无性(Asvabhāva)系统的有相唯识派(Sākāravijñānavādin)的对立。前者侧重于胜义谛的立场,否认阿赖耶识终极存在的实在性,接近于古说的立场。安慧除了为世亲的唯识学说的论著《俱舍论》等作注释以外,还为《中论》作注释,他的《三十颂释论》是本派的代表作,受到重视。前述的真谛就属于这个系统。

与此相对,后者是从理的世俗立场主张阿赖耶识之有,说八识、心的属性的独立性。集其大成者是护法(Dharmapāla,530—561),《成唯识论》是对三十他颂所作的注释,由师事其弟子戒贤(Śilabhadra,529—645)的玄奘传到中国,成为法相宗所依据的基本理论著作。此派的主张是新说,也可以说是说一切有部倾向的再现,在某种意义上可说它是瑜伽行派的归结。在护法以后,此派成为瑜伽行派的主流,而安慧的系统则在西印度一带流行。

四、中观学派

与瑜伽行派相对抗,在六世纪成立了以龙树《中论》为根本经典,强调空的思想的学派,此即中观学派(Mādhyamika)。此派的先驱有佛护(Buddhapālita,470—540)和清辨(Bhāvaviveka,490—570)。佛护强调龙树的"应成"(随应破)论法,没有特别提出自派的主张,而清辨却在与唯识学说的对抗中另外确立自派的主张,除了作《中论》的注释《般若灯论》之外,又作了《中观心颂》(Madhyamakahṛdaya)及对本书的自注《思择之炎》(Tarkajvālā),大力攻击唯识学说。他的系统因其论证方法被称为"自续(自立量)派"(Svātantika),而佛护的系统被称为"应成派"(Prāsaṅgika),两派互相论争,后来中观派出了月称(Candrakīrti, 600—650),著了注释《中论》的《明句论》(Prasannapadā)、《入中论》(Madhyamakāvatāra),使此派占了优势。

五、逻辑学的发展

大乘佛教以批判部派的教理为出发点,从一开始就使逻辑方法得到发展。龙树的中观论法就是指向与部派同时存在的婆罗门教的各个哲学派别的。这一争论也促使婆罗门教内部对逻辑方法的研究,把它作为一项专门学问的尼也耶派(Nyāya,正理派)得以独立出来。在瑜伽行派的著作中,《瑜伽师地论》在"因明"(hetu-vidyā)的名目下,论述了与《尼也耶经》以及产生于迦腻色迦王时的《阇罗迦本集》《方便心论》等一致的逻辑理论。无著的《阿毗达磨集论》的"论议品"利用了由尼也耶派提出的论证的五分作法(宗、因、喻、合、结),《顺中论》反驳了数论派的因三相说。世亲的《如实论》《释轨论》等对逻辑学的发展也作出了贡献。

陈那(五世纪后半期)继此之后确立了佛教的逻辑学。他著有《集量论》(Pramāṇa Samuccaya)、《因明正理门论》等,把量(认识根据)只分为现量(直接感觉)和比量(推论)两种,并改以往的五分作法为由宗(主张命题)、因(理由概念)、喻(实例)组成的三支作法。并利用九句因对因的三相(理由概念的周延关系)作了明确的说明。他的因明被称为"新因明",而与以前的"古因明"相区别。

陈那的逻辑学对尼也耶派也有影响,六世纪后半期的吴丹耶达克拉也采用了因的三相说。此后,尼也耶派与佛教在逻辑学方面互相争论和影响,一直延续到九世纪。

陈那之后,商羯罗主(Śaṅkarasvāmin)著有《因明入正理论》,七世纪中叶的法称(Dharmakīrti)著《正理一滴》(Nyāyabindu)和《量评释》(Pramāṇavārtika,或释量论)。后人对后者有不少注释和研究。他把推论立为基于原因的和从结果进行判断的两种。这些人都是有相唯识派的学者,中观学派清辨的挑战是促成此派逻辑学盛行的重要原因。

六、大乘两大学派的命运

八世纪以后,中观、瑜伽行两大学派都失去创造力,急剧衰落。原因之一是弥曼差学派的枯马立拉(八世纪前半)和吠檀多学派的商羯罗(八世纪后半)等人对佛教的批判。有意思的是,前者原是佛教徒,后者的摩耶说也深受佛教的影响。

其中值得重视的著作有:寂护(Śāntarakṣita)的《真理纲要》(Tattvasaṃgraha,诸哲学批判之书)、寂天(Śāntideva)的《入菩提行论》(Bodhicaryāvatāra)、《大乘集菩萨学论》(Śikṣāsamuccaya)、《经集论》(Sūtrasamuccaya)以及师子贤(Haribhadra)的《现观庄严光明》(Abhisamayālaṅkārālokā)。最后一书是对弥勒《现观庄严论》的解释,按所说八阶段的现观次第对《八千颂般若》进行解释。从这样的现观次第来理解《般若经》,是瑜伽行派的传统方法;此外,在西藏地区还传译了许多同类的注释性经典。

寂天虽属于中观学派,但还具有介于两派之中的倾向,因此有时也被称为中观瑜伽派。他们同时还是密教法师,这是时代的特色,也说明了只是作为学派存在的大乘佛教的实况。

第十三章
波罗王朝和密教

一、波罗王朝以前的印度

如前所述,七世纪初在朱木那河上游的坦涅萨尔出了戒日王,他以曲女城(Kānyakubja kanauj)为都,一度很有势力,暂时恢复了笈多王朝时代的政治统一和文化昌盛的局面,但在戒日王死后不久,这个局面就瓦解了,再次进入众多小王朝对立的时代。戒日王是个文武双全的人才,写下了一些诗和戏曲。中年以后信奉佛教,相传是他所著的《八大灵塔梵赞》(Aṣṭamahāśricaityasaṃskṛtastotra)、《晨朝赞》(Suprabhatastotra)两篇作品,是赞颂佛德和佛的事迹的。唐朝的玄奘在戒日王的时代访问了印度,他所见闻的佛教情况见载于《大唐西域记》和《大慈恩寺三藏法师传》之中。戒日王时代与唐朝之间也有使者往来。他对印度教、佛教同样予以保护,在当时的国都,有很多佛教寺院和僧尼,那烂陀寺作为佛教研究的一个大中心其时非常兴盛。

戒日王死后,直至伊斯兰教徒在政治上建立安定局面的十三世纪以前,印度北部存在着比较有势力的三个王朝,即:德干高原地方的拉修特拉库达(Rāṣṭrakūṭa,750—975)王朝、从西印度至恒河上游地区的巴利哈尔(pratihāra,750—1000)王朝、东印度孟加拉·奥里萨地方的波罗(Pāla,750—1000)王朝。其中,对佛教进行保护,特别是对密教的发展有很大影响的是波罗王朝。

七世纪以后,无论在政治上还是文化上,北印度已丧失了对全印度的影响力,相反,它却随着周围各地王朝势力的消长而受到显著的影响。在戒日王朝以后,以曲女城为都的巴利哈尔王朝是从西北进入印度的诸民族混血后裔建立的。因为他们轻视农业和商业,自称是武士阶层的后代,所以被称为拉奇普特(Rājpūt),他们确立了封建的统治制度。这在印度历史上被看作是中世纪的开始。拉奇普特采取了以武士阶级为中心的统治体制,对伊斯兰教的入侵进行了武力对抗,但由于部族之间对立严重,不能保持团结,无法有效地抵抗入侵者。他们忠实于印度的传统,然而对佛教却没有好感。这样,佛教的中心就移到了当时商业和西方贸易的基地西印度卡提阿瓦半岛的伐腊毗(Valabhī)地方。从玄奘在印度留学结束,到义净赴印求法以前的三十年间,佛教正急速地密教化。

在波罗王朝以前的七、八世纪,代表佛教的不同学说的论师可分为两个系统。义净把当时印度存在的佛教学派分为"婆沙""经量""中观""瑜伽"四派,但其中的主流派是后两派。前面已经讲过,属于后两派的学者以月称、寂天、法称等最有名。此外,月宫(Candragomin)是七世纪时的学者,不仅在印度古典文法学方面作出了贡献,而且因多罗菩萨和观音菩萨的信仰而成为密教的论师。

二、波罗王朝治下的东印度

在东印度·孟加拉地方,八世纪中期兴起的波罗王朝,到九世纪初势力达到了恒河上游地区,以帕塔里普特拉为都,进入了全盛期。然而,由于它的西方有巴利哈尔王朝,南方有拉施特拉库达王朝,在它们的制约下无法进一步扩展统治范围。波罗王朝的统治延续到十二世纪,被塞纳(Sena)王朝灭亡。塞纳王朝原在南方,因受到十世纪以后逐渐强大的南印度朱罗(Chola)王朝的逼迫而北迁。现在关于波罗王朝的传承谱系、年代等仍有很多不清楚的地方,但大致可以认为,它存在的时间约有四百年,经历了十五六代国主,是一贯保护佛教的。

波罗王朝的实际创始人噶帕拉(Gopāla,750—770在位)在摩揭陀建立了飞行寺(Odantapuri)。此寺的遗址现在还不清楚,古来相传它十分华丽,据说西藏的桑耶寺(Bsam-yas)就是仿照它建立的。此后的达磨波罗(Dharmapāla,770—810在位)同样在摩揭陀的恒河沿岸建立了超岩寺①(Vikramaśilā),从面积和居住的人数来说,它是印度佛教史上最大的寺院。此寺不仅是佛教寺院,而且也教授佛教以外的哲学、逻辑、文法学等印度一般的古典文化,有不少来自国外的留学僧在这里学习。以那烂陀寺、飞行寺和超岩寺这三个寺院为中心的当时印度的佛教教义,全以密教为主。特别是超岩寺,它是印度佛教最后的据点,此寺的佛教组织、典籍等有很多原封不动地传到西藏,与西藏佛教的形成有直接的关系。

提婆波罗(Devapāla,810—850在位)继达磨波罗之后,在北孟加拉的巴加尔普尔(Pāhārpur)再建了托兰库达卡寺(Traikūṭaka),改名苏摩普利寺(Somapuri)。此外,十一世纪中期拉马波罗(Rāmapāla)在北孟加拉建立阇迦达拉寺(Jagaddala),十一至十二世纪在北孟加拉建立德瓦科达寺(Devikoṭa),东孟加拉的吉大港(Chittagong)建立班底达寺(Paṇḍita)等,它们都是拥有很多僧尼的密教修学中心。

三、密教的特点

"密教"是"秘密佛教"的简称,它是由许多复杂因素的混合

---

① 国内学者也音译为毗讫罗摩尸罗寺。——译者注

而形成的,难以给它下一个简单的定义。但可把它的特点归结为如下两点:一是系统组织化的咒术仪礼,二是神秘主义。所谓咒术,是从我们这一方面,对神、命运以及自然现象等能对我们的幸与不幸给予重大影响的对象,通过神秘的手段对它们施加影响,以使人们的愿望能够实现的意图和方法。神秘主义则是能够感受被称为宇宙中心、绝对的神等的存在,与人们自身内在结合的心理状态。简单地说,就是对神的直接感知。咒术和神秘主义虽不是同一个东西,但它们彼此难分而互相结合着,而且任何一种宗教都包含这种咒术的、神秘主义的要素。即使在佛教内部,在它的早期经典中已可发现这两个要素的痕迹,随着时代迁移,它们逐渐表面化。而在大乘佛教经典中,咒术和神秘主义这两个要素与密教的根本教义相结合,逐渐成为它们的本质的东西。这一方面表现了大乘佛教具有不同于其他宗教立场的宽容、宏大的思想倾向,另一方面也可以视为是大乘佛教经典成立的社会背景的一种反映。前面已经提到,曾受到佛教打击的婆罗门教,经与民间信仰相混合,并且与印度的社会组织密切结合,已作为印度教而复兴。印度教的宗教特点,是在具有以毗湿奴、湿婆神为中心的一神教信仰的同时,还具有泛神论的倾向。在这种印度教的影响下,自七世纪中叶以来,大乘佛教急剧地密教化。除了传统的礼拜对象佛、菩萨之外,新兴起的密教诸尊也被吸收到佛教中来。

四、真言乘

在早期佛教经典中,所看到的密教,主要是为护身、攘灾和招福的目的而唱颂咒文的仪礼,大乘经典中有很多陀罗尼(dhāraṇi,密咒)就是为此目的而宣说的。这样的密教被称为"杂密"。与此相对,以七世纪后半期于西印度成立的《大日经》(Mahāvairocanasūtra)和在此以后于西南印度成立的《金刚顶经》两经作为基本经典的密教,被称为"真言乘"(Mantrayāna)或"纯密",它构成了中、日两国真言密教教义的基础。这两经的中心内容是智慧和方便。大乘佛教的空思想是密教教义中的根本思想。密教认为,对这种空性的认识是智慧(prajñā),作为智慧的实现就是肯定现实的本来状态,密教经典就是宣说追求智慧的菩提心(bodhicitta)和救济众生的慈悲(Karuṇā)及其手段(upāya)的。密教的修道方法是瑜伽(yoga)。瑜伽已是印度佛教广为使用的修道方法,但在密教当中,是把瑜伽与陀罗尼(密咒)、母陀罗(mudrā,印契、印相)、曼荼罗(maṇḍala,坛场、轮圆具足)等相结合而说的,这是它的特点。陀罗尼意为咒文,与曼怛罗(mantra,真言)同义,母陀罗是指手的印相,曼陀罗是指瑜伽的对象坛或图像。密教把这些曼怛罗、母陀罗、曼陀罗与作为礼拜对象的佛、菩萨、明王等复杂地组合在一起,并作了详细的规定。这样,无论在教义上,还是在仪礼、崇奉的尊像上，密教都与以往的大乘佛教完全不同，发生了巨大的变化。

五、波罗王朝初期的论师

在波罗王朝初期的论师中，最有名的是寂护。他出身于孟加拉王族，是那烂陀寺的学头。他的学系是从中观派的立场，吸收瑜伽行派的观点而形成的"中观瑜伽派"。他所著的《摄真实颂》以及对法称《诤正理》(vādanyāya)的注释书，今存有梵文本和藏语译本。寂护应藏王赤松德赞(Khri-sroṅ lde-brtsan)的邀请，于八世纪中期(760)到达西藏。莲华生(Padmasambhava)与其说是大乘论师，不如说是大乐思想的修行者。他继寂护之后也到西藏，成为西藏的喇嘛教的实际创始人。此外，据说是寂护弟子的莲华戒(Kamalaśila)，注释了寂护的《摄真实论》，也到了西藏，压倒了中国禅宗系的顿悟说而确立了瑜伽行派的渐悟说。在达磨波罗王的时代，有超岩寺初代的学头师子贤，他出身于王族。前章已经讲过，这些学者虽在著作中采用中观派的立场，但其基本思想仍属于瑜伽行派。如前所述，密教的修行方法是以瑜伽为中心，但可以想到，密教瑜伽是把瑜伽行派的教理，作为其形而上学的哲学基础而展开的，同时又以此作为根据，把本来是异教的密教修行方法确立为正统地位。

六、金刚乘

七世纪末,奥里萨(Orissa)的萨木波罗(Sambhala)之王因陀罗菩提(Indrabhūti, 687—717?)创立了金刚乘(Vajrayāna)。金刚乘的"金刚"(Vajra),意味着如同金刚那样永不变化的我、法的自性,而实现这个金刚性的方法就是金刚乘。因而这个金刚性也被看作是大乘佛教的空性,金刚乘也称为空性乘(Śunyatāyāna),特别是将其修行方法的瑜伽与性的快乐结合了起来。如前所述,真言乘以智慧和方便作为教义的中心,而在金刚乘中,把智慧比做女性,因为智慧具有静的特性;把方便比做男性,因方便有动的特性,进而把男女性交作为瑜伽表现。这不过是用佛教的智慧与方便的用语,来表现印度教《呾特罗经》中湿婆和性力(Śakti)的关系,从根本上来讲二者是没有区别的。金刚乘把智慧和方便所达到的终极的境地看作是涅槃,因为在这个境地已无智慧与方便的区别,二者是混合的,故称这个境地为"般若方便"(prajñopāya),也称"大乐"(manāsukha)或"普贤"(samantabhadra),实际上是男女性交的境地。可见,金刚乘的瑜伽与性的行为是一致的,与真言乘的形态显著不同,被称为"左道密教",与后者右道密教不同,也有的认为它是堕落的佛教。

有关金刚乘的最古的文献,可以举出《文殊师利根本仪轨经》(Mañjuśrimūlakalpa)和《一切如来金刚三业最上秘密大教王经》(Guhyasamājatantra),后一部经也称《秘密集会呾特罗》(Tathāgataguhyaka)。虽然有人认为这两部经的成立可追溯到二、三世纪的时候,但实际上它们的原形大约出现在八世纪以前,而在九世纪发展为现在这个样子。《文殊师利根本仪轨经》中有很多母陀罗、陀罗尼、曼陀罗,它作为系统的呾特罗经典是最早出现的。《秘密集会呾特罗》是为印度和中国西藏的金刚乘十分重视的呾特罗,它最先把男女两性和合的教义加以体系化,是以后左道教义的基础。此外,在《萨达那摩拉》(Sādhanamāla)这部收有三百十二部名为"成就法"(Sādhana)的短篇教义书的集子中,有不少是与上述两经同时代的作品。

萨罗诃(Saraha,七世纪中叶—八世纪?)是金刚乘最早的修行者,在他与因陀罗菩提之间出了几位学者,前后相承。其中,卢伊巴(Lui-pā)被称为第一魔术师,现存有他用孟加拉语写的著作。因陀罗菩提的著作虽然有二十三种,但其中特别重要的是《智慧成就法》(Jñānasiddhi)。而这部书中的内容,在他妹妹拉克修米迦罗(Lakṣmiṃkarā)所著的《无二成就法》(Advayasiddhi)中得到了大胆的变革。她的教义被称为俱生乘(Sahajayāna),信徒被称为"萨哈阇"(Sahajiyā),至今在孟加拉地方仍能找到这种信仰的痕迹。

七、时轮乘

从金刚乘发展出来的支派之一是时轮乘(Kālacakrayāna)。此派在十世纪的时候已经流行,直到伊斯兰教侵入,它是密教的最后阶段。此派信仰"本初佛"(Ādibuddha),认为通过这种信仰可以从由现在、过去、未来三时所限定的迷妄中解脱出来。

大约在十一世纪初,约与摩希波罗一世(Mahipālal,988年即位)同代,作为金刚乘、时轮乘的论师有:阿底峡(Atiśa Dīpaṁkara Śrijñāna,980—1052)、不二金刚(Advayavajra)、宝寂(Ratnakaraśānti)、般若伽罗摩提(Prajñākaramati)、那饶巴(Nāropā)等人。其中,阿底峡在1040年时担任超岩寺的学头,1042年应藏王意希沃的邀请进入西藏,复兴西藏佛教。不二金刚著有《不二金刚善说集》(Advayavajrasamgraha)。

包括以上著作在内的密教文献,即佛教呾特罗,是由称作"金刚阿阇梨"(Vajrācārya)的人,或称作"成就者"的八十四人写的,大部分被译为藏语,收编在西藏大藏经中的经部和论部之中,总数达三千数百部。这些密教修行者的绝大部分的年代和传记难以确考,著作中有不少内容还搞不清楚,这些有待于以后的研究解决。

第十四章　伊斯兰教徒的侵入和佛教的灭亡

七世纪前半期,创立于西亚的伊斯兰教开始向东方传播,到七世纪后半期在伊朗、中亚、阿富汗一带地方有几个伊斯兰教国家建立,印度也逐渐受到伊斯兰教势力的逼迫。公元712年阿拉伯伊斯兰教徒曾一度占领印度河下游的信德地方。此后,阿富汗的突厥系伽色尼王朝(Ghaznī)在986年以后开始征服印度,首先占领了白沙瓦。997年即位的马默德(Mahmūd)从1001年到1027年前后十七次远征北印度,占领了北印度的整个西半部。因为马默德的远征是以使异民族改宗伊斯兰教和掠夺奴隶、物产为主要目的的,所以并不长期地对占领地进行统治,但他对佛教、印度教寺院和圣地的破坏,对财宝的掠夺,对僧尼的残杀,在世界史上是无与类比的。据说由于他的远征,在阿富汗的各个城市里充满了印度奴隶和印度财富。马默德死后,伽色尼王朝受到西方塞尔柱(Saljūq)势力的逼迫而逐渐向东移动,最后被新兴起的廓尔(Ghūr)王朝灭亡。廓尔王朝原是居住在赫拉特(Herat)东南廓尔一带的突厥系伊斯兰教徒(穆斯林，Muslims)，其王加斯·乌德·丁·穆罕默德(Ghiyas-ud-din Muhammad)在1173年把伽色尼从此处赶走，其弟西哈布·乌德·丁·穆罕默德(Shihab-ud-din Muhammad)任伽色尼的总督。西哈布·乌德·丁在1175年以后几次出征旁遮普、古吉拉特(Gujarāt)。1190年和1191年两次在塔拉因(Tarain)与率领拉吉普特联军的普里托毗拉辛(Pṛthvīrāj)作战，终于取胜，在北印度确立了穆斯林的统治，1202年把势力扩展到孟加拉湾。1206年西哈布·乌德·丁死后，他的部将库特布·乌德·丁·艾伯克(Qutb-ud-din Aibak)自立为王，在普里托毗拉辛的旧都德里(Delhi)建立了印度穆斯林统治者最初的宫殿。这就是印度历史上的奴隶王朝。

十二世纪末，东印度孟加拉地方完全沦于穆斯林的统治之下，1203年超岩寺被破坏，从此佛教在印度本土消亡了。关于以那烂陀寺为中心的比哈尔地方佛教灭亡的情况，西藏巡礼僧达磨斯瓦命(Dharmasvāmin，1234—1236在比哈尔旅行)曾作了详细的报告。

印度佛教的灭亡不仅仅是由于上面所说的外部的原因，其根本原因还应当从佛教自身去找。从乔达摩·佛陀以来，佛教经常是婆罗门教的批评者。可是，在佛教拥有强大势力以后，它却不能完全压倒婆罗门教。婆罗门教变为印度教复兴以后，佛教逐渐与它接近，以至于出现与印度教融合，在本质上与印度教已难区别的金刚乘。因此,虽然给佛教以决定性打击的是伊斯兰教,但此前的佛教可以说已在印度教中消失。

伊斯兰教徒对比哈尔的超岩寺等很多寺院进行的破坏,使得这些寺院的很多僧尼逃到了中国西藏、尼泊尔,也有的逃到南印度。当时积极保护佛教,深受超岩寺佛学影响的西藏,在收容大量印度僧人的同时,也传入了数目庞大的佛典。现存西藏大藏经的基本部分就是来自超岩寺的藏书,西藏的密教学就是在此寺佛学传统的基础上成立的。

第十五章
近代印度的佛教复兴运动

一、佛教空白的时代

十三世纪初佛教流行的中心地区遭受伊斯兰教的军队蹂躏以来,除一些特别地方(尼泊尔、锡金、东孟加拉、喀什米尔的拉达克等)以外,佛教教团逐渐在印度消失,印度进入印度教与新统治者的宗教伊斯兰教对立并存的时代。在印度教内部,由于受伊斯兰教的影响,也出现了新的宗教改革运动,这一改革运动带有以"信爱"为基本内容的浓厚的一神教色彩,其中产生了像锡克教这样的教团组织,它在积极吸取伊斯兰教教义的同时,又从印度教中独立出来。另一方面,在伊斯兰教中流行着与印度思想极为相似的苏非派(Sufism)的神秘主义,莫卧儿皇帝亚格伯是其信奉者,他进而想把伊斯兰教与印度教统一,自己担当教主。可是,总的说来,在印度社会改信伊斯兰教者与印度教徒是按1比3的比例共存的,这种情况一直延续到近代。

在这种形势下,佛教虽然已不知不觉被人们忘掉,但是也并非没有影响。毗湿奴派从古以来就把佛陀看作是毗湿奴的化身,并且在关于"不杀生"(ahiṃsā)之教方面,印度教徒也深受佛教和耆那教的影响。按照印度教的一般见解,佛教归根到底是印度教的一派,包含在印度教之内,直到现在,这也是知识阶层的强有力的看法。事实是,残存的佛教徒逐渐成为印度社会中的一个阶层,被毗湿奴派所吸收。

从十九世纪初以来,在所谓印度的复兴和宗教改革运动中,并且在民族独立运动中,佛陀的名字作为伟大的先觉者在印度人中间重新被提了出来。我们从辨喜这样的宗教改革者、泰戈尔这样的诗人,并且从甘地、尼赫鲁这样的独立运动的领导人的言行中,可以看到跨越两千年以上的佛陀的伟大影响。此外还必须看到,由英国开拓的作为印度古典研究的一环,有许多优秀的佛教研究学者出自印度人,他们对佛教本来面貌所作的研究贡献,对近代重新认识佛教是有意义的。

然而,不是把佛陀只看作为一位印度产生的伟人,把佛教只看作为一种伟大的思想,而是把佛教看作为一种活生生的宗教而加以复兴的,不是来自印度内部,而是由相邻的佛教国家斯里兰卡的一位信徒发起的。

二、达磨波罗的大菩提会

阿那迦里卡·达磨波罗(Anāgārika Dharmapāla,1864—1933)出生于斯里兰卡的科伦坡,曾就学于天主教的学校,受奥尔科德上校和普拉帕斯基夫人为首的神智学会(Theosphical Society)运动的影响,关心佛教,并以佛教居士身份进行活动,晚年出家成为比丘。他在1891年于科伦坡创立菩提伽耶大菩提会(Mahābodhi Society),翌年把此会的事务所移到印度的加尔各答,发行机关刊物《摩诃菩提》(*The Mahā Bodhi Journal*),展开复兴佛教遗迹的运动。大菩提会以复兴佛教遗迹为目的,也促使佛教本身在印度的复兴。达磨波罗为了寻求这个运动的支持者,到世界各地去旅行,出席各种会议,宣传佛迹复兴的重要意义。1920年在加尔各答建立了大菩提会的第一座寺院"法王精舍",1932年又在鹿野苑建成了"根本香室精舍"。他在第二年一月当了比丘,仅过了三个月便在鹿野苑去世。此后大菩提会继承他的遗志,由提婆布里耶、毗里辛哈师、班尼第萨长志等人领导在事业上取得了很大的发展,努力从事佛迹的管理保存,佛塔的改修,为巡拜者设置宿舍设备,营建新寺院,建立研究所、学校、图书馆、博物馆、医疗设施等,在印度国内以至于在世界各地设立大菩提会的支部等,一直到现在仍在继续进行这些事业。英国考古学者卡宁汉(Alexander Cunningham)在印度曾发掘出佛的两位弟子舍利弗（Sāriputta）和目犍连（Moggallāna）的遗骨，并把它们保存在英国。大菩提会所取得的特别注目的成果是把这两位佛弟子的遗骨要回印度，并在1952年把它们安置在桑奇大塔旁新建的佛教寺院之内。此外，在这第二年又把菩提伽耶的根本大塔从印度教徒马罕托的手里夺回，成立了由佛教徒和印度教徒同样人数组成的管理委员会，对它进行共同管理。现在菩提伽耶不仅有大菩提会的佛教寺院，而且也建立了中国（包括西藏地区）、缅甸、泰国等国的寺院。大菩提会在鹿野苑设立出版局，出版各种巴利文经典和印度语译的经典，特别为提高印度知识分子对佛教的关心作出了贡献。有很多印度人、欧洲人加入此会成为僧侣，其中出了罗睺罗·桑库里德耶耶那（Rāhula Saṃkṛtyāyana）、加恰普（Kashyap）、阿旃陀·迦乌萨里耶耶那（Ānanda Kausalyāyana）等学者或作家。大菩提会还为巴特那的迦耶斯瓦尔研究所、那烂陀的巴利研究所（1951）的开设，并在德里大学等设置佛教学讲座进行了工作。

三、安培克的新佛教运动

毗木拉奥·拉木奇·安培克（Vimrao Ramji Ambedkar，1891—1956）出身于中央邦的默豪地方的下层阶级，曾留学欧美，学习法律和经济。归国后任孟买州政府的要职，此后担任中央政府的司法部长。他受在佛陀入灭地拘尸那迦居住的缅甸长老吴·桑德拉马尼的感化,对佛教表示关心,在孟买创立印度佛教协会(Bharatiya Buddhā Mahāsabhā),展开新佛教运动。他确信,通过体认佛陀的精神,从事佛教的社会实践,是可以除去阶级差别的。他主要向下层的被压迫阶级的民众呼吁,让他们集体地皈依佛教,1956年于那格浦尔有十万部落民共同举行了皈依佛教的仪式。

安培克在孟买创设了专科大学(Siddhartha College,1946),在奥兰加巴德设立大学(Milind Mahā Vidyālaya,1950),这些都是佛教主义的大学。由于他的努力,以孟买、浦那、瓦鲁德、那格浦尔等地为中心,诞生了所谓的新佛教徒。与上述大菩提会以出家比丘为中心,从事斯里兰卡上座部佛教普及工作的情况不同,印度佛教协会虽也依据上座部佛教的教义,但却以在家的居士为中心,开展大乘佛教的运动。而且后者的另一个特点是与作为政治团体的共和党(Republican Party)的活动发生联系。

安培克去世之后,木甘特拉比继承其后,再后则是Y. B. 安培克、巴奇巴尔·第萨、N. 西瓦拉奇等运营协会,1965年在那格浦尔设立巴利研究所,从事佛教学的基础研究。新佛教徒把安培克尊称为"毗摩"(Bhīma,湿婆神的化身)或"菩萨",直到现在仍仰慕其德。

四、日本山妙法寺大僧伽的活动

日本山妙法寺大僧伽是属于日莲宗系的佛教团体,以藤井行胜(日達)为山主,1917年创立于东京。属于此派的日本僧人在海外进行了引人注目的传教活动,特别在印度,此派在孟买、加尔各答、拉吉浦尔建立了佛教寺院,以作为弘传大乘佛教的基地,一直延续到现在。

日本山妙法寺大僧伽还协助圣雄甘地提倡的"共同繁荣"(sarvodaya)运动的开展。所谓"共同繁荣"是什么意思呢?人的本来价值意味着以人与人的相互亲爱、和睦交往为最终目的,而"共同繁荣"就是以这个适合人的本来价值的目的为方向,积极从事于不损害这个价值并使其发展的道路。这也可称之为"人的复兴"。维诺巴·巴维(Vinoba Bhave)为普及这个精神,遍历印度各地,开展献地(Bhūdana)运动。

印度佛教徒数目
—— 据 1961 年的统计

安得拉邦	6,753
阿萨姆邦	36,513
比哈尔邦	2,885
古吉拉特邦	3,185
查谟、克什米尔	48,360
喀拉拉邦	228
中央邦	113,365
乌德拉斯	777
马哈拉施特拉邦	2,789,501
迈索尔	9,770
奥里萨邦	454
旁遮普邦	14,857
拉贾斯坦邦	759
北方邦	12,893
西孟加拉邦	109,206

德里	3,466
那加兰邦	42
总计：	3,153,013

附录一　印度佛教美术的发展

在印度,从佛教兴起的时候就开始有了使用耐久性材料的美术史。建筑艺术使用的材料是石块和砖,雕刻主要以石造艺术为主,木造艺术现已不存。绘画只留存在几个石窟寺院的壁画里。特别是由于穆斯林的破坏,美术品损伤很大,现存物多数是由地下发掘而取得的。由于印度人缺乏历史概念,要确定这些遗留品的制作年代相当困难。

印度佛教美术史的时代一般可以区分为古代期(公元前五世纪至公元一世纪)、贵霜期(一世纪至五世纪)、笈多期(四世纪至七世纪)、密教期(七世纪至十二世纪)。古代期即所谓无佛像期,多数见于建立佛塔。贵霜期的犍陀罗、马土腊(秣菟罗)和案达罗三地区是美术活动中心,也是佛像制作上最重要的时期。笈多期的美术在技巧上高度发展,随着印度文化的复兴,影响渐渐扩大。最后的密教期由于佛教逐渐同印度教融合,佛教美术同印度教美术也越来越在本质上难以区别,是产生特异的密教美术的时代。

古代期的佛教美术主要是佛塔和阿育王石柱。相传乔达摩·佛陀在世时建立了有名的祇园精舍和竹林精舍,佛灭后不久,各地佛教徒分得舍利,建塔供奉,这些都是可能的事实。阿育王建立的石柱是现存佛教美术中最古的遗品,石柱自身表现的形式、技术等显然地受到西方波斯的深刻影响。石柱是用邱那卢(Chunār)出产的砂岩加工而成的园状石柱,总共有三十个以上,最长的有十多米。各柱头上装饰的兽像(现存有狮、牛、象三种,另外尚有马像),其表现手法带有明显的西方色彩。其中鹿野苑的狮子柱头制作精巧,最为有名。

塔(窣堵波)本来是埋葬死者的坟墓,最初用土高垒,呈土馒头状。以后逐渐发展形成底部设坛、上部为方形平头或覆有伞盖状的形式。现存最古的佛塔是巴尔呼特(Bhārhut)佛塔。塔身已完全损坏,仅存一部分栏楯(玉垣)和塔门,栏楯浮雕表现的内容多为佛传或本生谭。这是为世人注目的集中表现佛教题材的最古遗存物。特别值得注意的是,佛传图中并没有理应表现的乔达摩·佛陀的形象。这是从巴尔呼特到桑奇和阿默拉沃蒂的雕刻所遵守的原则。在把佛陀作为超人间的存在而加以神格化的时候,有意避开用人的形象来表现佛陀,这是古代期佛教中可见的一个特征。

典型的佛塔可举桑奇大塔。这一大塔的中心部分集聚有许多佛教遗迹,都是公元前二世纪至一世纪属案达罗国的萨达瓦哈纳王朝前期的遗迹。佛塔用砖和石块筑成，围以栏楯，四方有门。这种佛塔还有供奉本尊的塔庙和比丘们居住的僧房等附属建筑，因是木结构，现已不存。但是，以塔为中心的这种僧院的形式，被石窟寺院的构造形式继承了下来，我们仍然可以推测到它的原型。桑奇大塔的塔门和栏楯的雕刻完全消化了阿育王以来的外来的西方表现手法，显示出成熟的印度式的技法。古代期的佛教美术在桑奇可以说已经达到了顶点。雕刻的题材同巴尔呼特一样，以佛传或本生谭居多，其他作为装饰用的花纹也不少。

佛教雕刻一般认为始于贵霜王朝初期即公元一世纪末，但始于犍陀罗还是始于马土腊，现在尚未能作出判断。一般认为，因希腊化神像的影响，首先在犍陀罗开始有了佛像。犍陀罗本来是印度河及其支流喀布尔(Kābul)河流域一带，通常称以白沙瓦为中心，西自阿富汗北部，东至克什米尔一带的流行希腊风格佛教美术的广大地区。犍陀罗美术以佛塔和雕刻为主，绘画已不复残存。雕刻前期（一至三世纪）以石雕为主，后期（三至五世纪）以塑像为主。现在犍陀罗完整的佛塔建筑已没有，其明显的特征是基坛、伞盖的式样发达，中心覆钵部已退化，栏楯和塔门等的形式消失。基坛的周围刻有佛龛和佛像，而且重层方形的基坛形式比较发达。这说明礼拜的对象，已从对佛塔本身的礼拜转移到了对佛像的礼拜。雕刻的技法带有明显的希腊技法的影响，采用写实的手法，从容貌和服饰上可以见到希腊罗马风格的影响。石雕主要使用的是带青黑灰色的犍陀罗石(云母质闪片岩)。后期雕刻明显地可以看出已有衰退的倾向,取代石雕而产生了塑像雕刻的新形式,特别是塑像一般敷施彩色,添加了女性般的温柔感。马土腊位于容易接受西北方影响的地理位置,其美术继承了古代期美术的传统,很少有犍陀罗风格的影响。马土腊美术以佛像雕刻为主,强烈的表现形式给予后来笈多王朝的雕刻以很大的影响。此外,佛像大多有铭文,因而有助于弄清佛像制作年代和样式等在历史上的变迁。

几乎与马土腊美术同一时期,南方的后期案达罗美术有阿马拉瓦蒂雕刻。阿马拉瓦蒂雕刻与犍陀罗、马土腊雕刻不同,可以认为它有依然遵守古代期无佛像原则的保守派和表现佛像的创新派两个流派。有人认为这一现象是保守的小乘教团和进步的大乘教团并存的表现。属于阿马拉瓦蒂系统的还有龙树穴佛塔遗迹,同桑奇的佛塔比较起来带有更多的装饰风格。

笈多期的美术同笈多时代盛行开凿的西印度佛教石窟寺院一样,受到马土腊雕刻的深刻影响,以佛教雕刻为主。佛塔中有塔庙和僧院,这是佛教寺院古来的形式,但石窟寺院却是由把佛塔安置在塔庙内的窟龛和僧院构成的。佛教石窟寺院早在公元前二世纪左右即已建造。初期的石窟寺院原样模仿木造寺院结构,窟龛呈马蹄型,被一排排的柱子分为内堂和外堂。僧院多为方形，三面墙壁各开有许多小房间，是比丘居住之处。石窟寺院的代表作可数卡莱洞窟，以其规模之大、造型之美而闻名于世。它的开凿时期不明，大致可上溯到公元一世纪末。笈多期美术的典型作品却不得不数阿旃陀石窟。这一石窟寺院分布在印第雅得里（Indhyādri）丘陵摩崖上的二十九个洞窟之中，中央洞窟年代古老，左右两边的洞窟年代稍晚。寺院形式与前述卡莱洞窟一样。阿旃陀石窟中有十六个石窟里有壁画，可分为三个时期。第一期可上溯到公元前后，壁画剥落甚重，现存部分较少。第二期（五至六世纪）、第三期（七世纪）的壁画保存比较良好。壁画的主题以佛传、本生故事居多，大多使用美丽的纹饰，也有描绘大乘尊像的。画面一般多为暗淡，被认为是古代印度绘画最高峰的遗存品。

笈多期雕刻的中心是在马土腊、鹿野苑、佛陀伽耶等地，其中马土腊的雕刻最为兴盛。这一时期的佛像不仅单单表现佛的形象，而且成功地使用了带有瞑想气氛的表现手法。从衣服、装饰等的表现技巧上，可以看到这种雕刻完全体现了古典表现手法。体现安祥平静的谛观境界时的那种双目微合的容貌、透过薄衫可见的肉体、似乎流动的衣服皱褶，这些表现手法是笈多期佛像的典型姿态。佛像雕刻在笈多期达于顶点，以后便逐渐衰退，代之而起的是密教期的各种尊像。

密教期的佛教雕刻只见于波罗王朝统治下的孟加拉、比哈尔地区，分为摩揭陀派（波罗朝前期）和波罗派（波罗朝最盛期以后）。雕刻的主题，除了以往的佛像之外，多为制作多罗（Tārā）、文殊师利（Mañjuśrī）、摩利支天（Marici）、毗湿奴天等密教尊像。十七世纪左右制作了所谓波罗佛，其代表作品是多罗菩萨像。这一时期的雕刻，佛教的气氛比较淡薄，与印度教的雕刻从本质上很难以区别，在技术方面也有明显的衰退。十一世纪开始，由于伊斯兰教屡次入侵印度，带来否定偶像的思潮，佛像、寺院受到严重破坏，至十三世纪终于中断了印度佛教美术的命脉。

没有受到伊斯兰教影响的南印度，从九世纪左右开始，盛行青铜雕像的制作，但佛像极少。

附录二 印度佛教向周围地区的传播

一、东南亚

印度佛教向周围诸地域传播的历史非常复杂。因为它亘贯从公元前三世纪开始的一千几百年以上的历史,横跨中亚、东亚、东南亚三个文化圈。在这些地域,佛教同各式各样的人种、文化相会合,为了弘扬佛法又创造了新的语言、文字、圣典用语,甚至创造了为了理解教义的新的术语。随着佛教在印度文化中的普及,对这些地域的文化也给予了很深的影响,一方面使这些地域的文化面貌完全发生了改观,另一方面佛教巧妙地顺应这些新接触到的社会组织和思想,为适应时代和地区而变化其种种形式。佛教的传教僧和游行僧随同航行大洋的商船,在和平的气氛中把佛教扩展至亚洲大陆,它并不像其他宗教那样带有圣战、虐杀、破坏文物等行为。因此,佛教在繁荣昌盛的时代和地区几乎都受到该地区王朝的保护,这可以说是佛教的特征。

印度佛教的传播大体可以分为四个时期。第一时期是公元前三世纪左右孔雀王朝阿育王执政时代,主要是向斯里兰卡传播佛教。这一时期斯里兰卡的佛教受到印度初期佛教的影响较深。第二时期是从公元前一世纪左右开始的向西域或经由西域向中国的传播。这一时期在西域地方占有强大势力的是贵霜王朝,特别是有赖于迦腻色迦王以后的诸王的力量甚多,说一切有部和初期大乘佛教的色彩浓厚。第三时期是九世纪以后波罗王朝时代的秘密佛教向尼泊尔和西藏的传播。第四时期是七、八世纪以后向东南亚的佛教传播,这一时期的佛教,虽然有密教,但可以说主要是以斯里兰卡为主的上座部佛教。

斯里兰卡的佛教由摩哂陀长老开教,提婆南毗耶·帝沙王(Devānampiya, Tissa,公元前247—前207在位)皈依佛教,在阿努罗达普罗(Anurādhapura)建立了大寺(Mahāvihāra),这就是斯里兰卡上座部(Theravāda)佛教的起源。之后经过二百几十年,兼学大乘教义的无畏山寺(Abhayagirivihāra)建立起来,于是开始了两派势力抗争的历史,结果大寺派得以维持传灯,大寺派系统的佛教向缅甸、泰国、柬埔寨、老挝等地普及传播。在斯里兰卡佛教史上,特别引人注目的是公元前一世纪的书写三藏和五世纪的三藏注释者佛音(Buddhaghosa)的活动。由于佛音的努力,巴利语的佛教圣典得以整理,上座部的教义得到彻底完成。斯里兰卡上座部的教义,可以从其传承的经典中了解到,大多保守地继承初期佛教的教义。后来的经典注释虽然对教义有很大的发展,但在具体解释上仍然遵循传统的理解方式。在家信徒通过对菩提树和佛塔的崇拜,使佛教进入日常生活之中,但以出家者为中心的教团组织和对戒律的尊重,却仍然是至今为止的这一系统的佛教的特色。

追溯缅甸和马来亚地区苏拉、邬他那长老开教的历史是困难的。印度同这些地方往来频繁,但印度人来此居住而引人注目却是在进入公元年份以后的事。到了四、五世纪以后,印度文化开始流行,佛教也在室利差咀罗国(Śrikṣetra,在缅甸)、堕罗钵底国(Drāravati,在泰国),伊赏那补罗国(Iśānapura,在柬埔寨)等地流行,这在历史上有所记载。但是,斯里兰卡上座部佛教的正式确立是在十一世纪中叶的蒲甘(Pagan)王朝的阿那拉他王(Anawrātha,1044—1077)统治时期。泰国佛教是在十三世纪从云南南下的傣族建立斯葛泰依(Sukhodaya)王国不久以后,即那玛卡姆亨王(Rāmakamhêng, 1275—1315)统治时期。柬埔寨和老挝的佛教,是泰国佛教普及的产物。这样,因为斯里兰卡、缅甸和泰国的佛教同为斯里兰卡上座部系的佛教,所以在日后佛教兴亡盛衰的历史上,曾出现通过僧伽相互交流而进行的"僧伽净化运动"。

但是,印度的密教由金刚智(Vajrabodhi,671—741)及其弟子不空（Amogha,705—774）传到斯里兰卡，与无畏山寺派有关，主要是在泰米尔族中间流行，最后被印度教所吸收。缅甸在八、九世纪左右有一批叫做阿里（Ari）的僧侣流行一种密教和印度教混合形成的宗教。另外，印度支那半岛的南部，受到印度文化影响的扶南国和真腊国从二世纪初到九世纪初兴起，高棉族（Khmer）建立的高棉王国以吴哥（Angkor Thom）为首都而繁荣起来。这一王国所建立的吴哥寺（Angkor Vat,1113年建立）是所谓吴哥时代高棉建筑样式的代表，现在还留有这一建筑物的遗迹，它曾是印度教的寺院。此外还有像巴荣寺（Bayon）那样的佛教寺院，可见当时印度教和大乘密教同时并行。但是，高棉王国从十四世纪左右开始衰落，受到泰国的影响而专门弘传上座部佛教。另外，位于半岛沿海的越南（Vietnam）很早就受到印度文化的洗礼，兴起了占民族的占婆国（Champā），这就是人们所知的汉朝末期到唐代中叶的林邑国。概括地说，越南北部古时候受到中国文化的影响，从唐初（679）置安南都护府以来，中国南部的大乘佛教在这里得到普及。但是，在越南南方因为受到印度文化的影响，随着泰国和柬埔寨上座部佛教的普及，也与这些地区构成同一佛教圈。从带有中国佛教和南方上座部佛教两种色彩的全民佛教这一情况来看，可以说越南佛教是以越南固有的文化为基础的。

　　苏门答腊和爪哇从公元前后开始受到印度文化的波及，七世纪末苏门答腊兴起了室利佛逝（Śrīvijaya）王国，使大乘佛教得以普及。当时的观音菩萨和多罗菩萨的信仰已普及马来亚半岛。八世纪至九世纪夏连特拉(Śailendra)王朝在爪哇取得势力,信奉大乘佛教,爪哇中部的婆罗浮屠(Borobudur)寺院就是在这一时期建造的。至十四世纪室利佛逝王朝衰微,迎来了满者伯夷王朝(Majapahit)的最盛时期,逐渐开始伊斯兰化,除了保持印度教这一民族宗教的巴厘岛(Bali)以外,印度尼西亚和马来西亚都被纳入伊斯兰教的范围之内。

二、西域、中国

西域原来的意思是指中国以西诸国。因此,西域一词的含意随着时代的不同或者使用者的不同而有各种各样的变化。现在我们所说的佛教从印度传到中国所经之地的西域,是指从西北印度跨越兴都库什山脉进入吐鲁番,经过塔里木盆地周围一带到达中国西北地区,也就是所谓丝绸之路的东部地区。佛教在这一地区由西向东逐渐传入,开始于公元前三世纪左右。阿育王从西北印度向西方派遣佛教传道师的说法,已在考古发现的遗留品中大致得到证实,传说塔里木盆地也有当时印度人的殖民地[①]。佛教就是通过彼此的往来和贸易而渐渐向东扩展的。西域地区的伊朗人、罗马人、突厥人等的势力比起印度

---

① 此说无稽。——译者注

人来更为强大。西域的文化虽受到印度文化的强烈影响，但与印度本土的文化有着明显不同的发展形式。虽然语言文字等与印度接近，但完全不同的也种类繁多，接受佛教的方式也有多种不同。

西域各地佛教的具体历史虽已不得而知，但从中国僧人的旅行记和西域地方的出土文物中仍可大体弄清。十九世纪末期至1930年曾经盛行过对塔里木盆地周围遗迹的调查发掘，结果发现了许多不为人知的用语言文字书写的佛教经典，根据这些确实的资料，研究工作得以进展。塔里木盆地中央塔克拉玛干沙漠两侧及其以北的天山山脉北麓这三条交通线路之中，天山南路的南北二道与佛教传播的关系最为密切。南路以于阗、楼兰为中心的地区，在使用东伊朗方言和佉卢虱底文（Kharosthi，驴唇文）的居民中间，盛行与《般若经》、《华严经》、密教等有着密切关系的大乘佛教。北部以龟兹（Kuchā）、焉耆（Karashahr）、吐鲁番（Turfan）为中心的地区，在使用印度和欧洲系语言的居民中间流行说一切有部的《阿含经》和律典的小乘佛教。五、六世纪以后，突厥人等居民中间也逐渐有了佛教，主要流行大乘佛教和密教。当然其间也有印度人、中国人，他们分别用各自的语言书写佛典。塔里木盆地的西部还有伊朗别系的居民即所谓粟特人（Soghd），他们曾将大乘佛教的经律翻译成粟特语。但是这些人种、语言、文字等并无一定的对应关系，相互之间混杂不清，要弄清他们之间的相互关系和历史发展的线索,尚有待于今后的进一步探究。

西域佛教的主要遗迹是石窟寺院,在新疆地区已经得到确认的有十三处六百所以上的石窟,它们全部分布在天山山脉南麓即沿北路的绿洲。其中规模最大的是在库车(龟兹)地区的克孜尔和吐鲁番地区的吐峪沟。除了这些石窟寺院之外,还有为数不少的在平地上建造的木结构寺院或者石造寺院,其废址目前只是断定而已。

西域石窟寺院的形式基本上仿照印度,顶部采用印度式的拱门型,圆顶外开以侧窗,显然是受到伊朗式样的影响。西域地方的窟龛不以小塔为中心,而以佛像为中心,仿照笈多王朝时代石窟寺院的样式。雕刻的形式大多受到后期犍陀罗雕刻的影响,这一形式,也被中国的敦煌、云冈、龙门等地的塑像雕刻所继承。绘画的遗留品全部是石窟寺院的壁画,同样受到伊朗风格的很大影响,这种壁画的表现手法后来经由敦煌而对我国①的法隆寺壁画也有影响。

壁画的主题多为描写佛传和本生故事。壁画的周围和顶部上嵌画有小佛像、天人像、花纹、连珠文等。壁画中表现的人物服装、纹饰等有印度风格的影响,但罗马风格和伊朗风格的影响更为明显,成为西域壁画的一种特色。

西域石窟寺院从什么时候开始建造,现在很难加以明确,

---

① 指日本。——译者注

但从其受阿富汗的巴米安佛教美术的很大影响来推测,大约在公元四世纪左右到七、八世纪。

中国从汉代开始向西域地区积极开发。从汉朝建元二年(前139)开始历经十三年的张骞的西域旅行,弄清了中国以往不清楚的西域的情况,武帝进而再次出兵西域,建立了汉民族在西域地方的统治,结果西域的物产,甚至西方遥远的伊朗、罗马的文物陆续不断地进入中国,同时佛教也传播到了中国。佛教向中国传播的时期古来有种种说法,一时难于确定,一般认为可能是在公元前后。从佛教初传至后汉六朝时代,印度、西域出身的僧人多数去中国从事翻译和讲经。特别是到四世纪左右,西域出身的僧人给予中国佛教以很大的影响。在译经方面,有名的有支娄迦谶(月氏出身)、安世高(安息国)、支谦、康僧会(粟特人)、竺法护、鸠摩罗什(龟兹)等,造寺讲经方面有佛图澄。其中尤其是罗什、佛图澄等对中国佛教的影响很大。西域地方的文化受西方的影响很大,佛教也是这样,由西域僧传入的西域佛教同印度佛教完全不同,很难区别中国佛教中哪些是从西域传来的,哪些是属于印度的,从学术方面相比,在信仰方面受西域的影响较大。从中国佛教初期流行的弥勒信仰,以及继之而起的压倒弥勒信仰的弥陀信仰等,可以明显地看出受到了西方的影响。因此一般认为,印度佛教中尚未了解清楚的这些佛、菩萨信仰在西域佛教中兴起并得到了发展。完全可以说,佛教传来中国的初期,由于西域出身的译经僧的异常活跃,他们所译的原典与其说是直接取自印度传来的,不如说是已经在西域地方流行,或者已被译成西域诸语言的经典。西域的佛教美术向东推进,给予中国佛教美术以很大影响。但是中国与西域不同,在此之前已经有着高度的文化,西域风格的美术由西向东,随着时代的推移,同中国风格的美术混同起来,佛教美术最后完全中国化了。西域美术同中国美术在吐鲁番地区已经混同,这可以从敦煌、云冈、龙门等以及东移过程中美术结构、塑像雕刻的样式、尊像的种类、雕刻中的服饰、花纹等中间,看出这种式样的变迁过程。

在中国佛教史的初期,西域出身的僧人占据了显著的地位。随着佛教的发展,有志于佛教修学的中国僧人纷纷亲自去印度。从公元四世纪前后到八世纪前半叶,去印度求法的僧人可达数百人,其中有名可查的有一百多人,平安归国的只不过四十多人,以印度旅行记而留名至今的只有数人而已。法显的《佛国记》一卷、玄奘的《大唐西域记》十二卷、义净的《南海寄归内法传》四卷等,是这些旅行记中的代表作,是了解当时西域、印度、南海情况的重要资料。

至于中国的西藏,它的历史到七世纪才开始清楚。七世纪前半叶在位的吐蕃的松赞干布(Sroṅ-btsan Sgam-po)统一了全西藏,并进而向四川扩张。唐朝为了与吐蕃和睦相处,把文成公主嫁到西藏,和文成公主一起,中国内地佛教也传到了西藏。当时,松赞干布还把势力伸展到了尼泊尔,同尼泊尔王盎输伐摩的女儿结婚。他又派吞米桑布扎(Thon-mi-sambhota)到印度学习印度文化,创造了西藏文字和藏语文法,同时也把印度佛教传入西藏地区。

八世纪后半叶赤松德赞王时代,吐蕃达于鼎盛时期,763年赤松德赞乘安史之乱,远征唐都长安,前后长达一个半世纪同唐朝争夺甘肃至西域一带的地区。当时西藏地区的印度系佛教的渐悟说,同中国汉地禅宗的顿悟说的对立渐渐加剧,发生过几次对抗辩论。从760年左右开始,西藏从印度请来寂护、莲花生,随之印度系佛教开始盛行,接着又请来了莲花戒,印度佛教压倒了汉地佛教,自此之后西藏佛教接受的完全是印度佛教的影响。赤松德赞王又模仿摩揭陀的欧丹达菩黎寺(飞行寺),在拉萨东南方的桑耶(Bsam-yas)建立了佛教寺院(779年定基),西藏开始有了出家人的寺院。

西藏原有一种土著宗教名"本教"(Bon),曾经作为民间信仰而流行,但莲花生把密教移入西藏,成了喇嘛教实际上的开祖。从他开始的初期佛教叫做宁玛派(Rñiṅ-ma-pa,旧派),先后受到印度的金刚乘和时轮乘的影响,并与本教调和折中,形成了一种独特的佛教。

九世纪前半叶赤德松赞和他的儿子热巴中(Ral-pa-can)是热心的护法之王,那时统一了藏译佛典的用语,编纂了辞典,翻译了许多佛典,企图使佛教教义纯化。于是形成了忠实于梵语佛典而逐字翻译的藏语佛典的传统。热巴中于841年被暗杀,他的弟弟本教徒朗达玛(Glan-dar-ma)即位,开始镇压佛教,佛教受到巨大的打击。而朗达玛自己则被痛恨急剧改革的佛教徒暗杀,吐蕃王朝由此开始分裂,进入群雄割据的时代。

至十一世纪,阿底峡接受了希望改革佛教的西藏西部意希沃王(Ye-śes-hod)的邀请,于1042年从超岩寺进入西藏。但是因为阿底峡的佛教学说完全是金刚乘,所以宁玛派的学说究竟被改变了多少尚有疑问。阿底峡的这一系统叫做噶当派(Bkah-gdam-pa)。1073年贡却杰布(Dkon-mchog-rgyal-po)建立萨迦寺,形成了萨迦派(Sa-skya-pa)。十一世纪中叶玛尔巴(Mar-pa)进入印度,在超岩寺学习金刚乘,回到西藏之后新开创了噶举派(Bkaḥbrgyud-pa)。玛尔巴的弟子米拉日巴(Mi-la-ras-pa,十一世纪后半),以其苦行和优美的诗作至今仍在西藏受到人们的崇敬。

十三世纪中叶萨迦派同中国元朝交结,掌握了西藏地方的政教两权。元朝对西藏佛教的疯狂崇拜,使已经堕落的西藏佛教越发堕落,因此十四世纪后半叶出现了宗喀巴(Btsoṅ-kha-pa)的佛教改革,开创了格鲁派(Dge-lugs-pa)。宗喀巴注重戒律,无子,他的外甥是根敦主巴(Dge-hdun grub),后被追谥为第一代达赖喇嘛(Dalai bla-ma),自此代代达赖转世,统领宗派。第五代达赖统一了西藏,掌握了政教两权,第七代达赖于1750年在清朝的保护下,确立了直至现代的达赖法王制度。

西藏佛教的根本典籍是藏文《大藏经》。把印度的佛教典籍翻译成西藏语开始于七世纪松赞干布王时代,一直到十六世纪,大约继续了九百年。西藏佛教以九世纪中叶朗达玛王的破佛为界,分为前弘期和后弘期。

前弘期是译经极为兴盛的赤德松赞王和热巴中王时代,印度人戒玉觉(Śilendrabodhi)和西藏人智军(Ye-śes-sde)是当时有名的翻译家,译出了说一切有部律、显教的大部分经典和纯密教经典,大乘论书的半数以上也是在这一时代译出的。

后弘期有名的翻译家是仁钦桑布(Rin-chen-bzaṅ-po),他是十世纪末叶人。后弘期时代因为受到东印度、孟加拉金刚乘、时轮乘的影响,特别是在伊斯兰教入侵时,超岩寺的组织、典籍大多传入西藏,成为藏文《大藏经》的主干,形成呾特罗部。

藏文《大藏经》总共收有四千余部,大致可分为甘珠尔(bkaḥḥgyur, Kanjur,经部)和丹珠尔(bstan-ḥgyur, Tanjur,论部)两大部。甘珠尔分为戒律部七类,丹珠尔分为咒释部十五类,前者约一百帙,八百部,后者二百二十四帙,约三千四百部。其中汉译经论约五百部,特别是呾特罗部的庞大文献只有在藏文《大藏经》中可以见到。

藏文《大藏经》于十四世纪初在纳塘(Snar-thaṅ)寺开版之后,有近十种版本。

年　表

年代	一般历史	佛教历史
公元前 3000 2000 1500 1000 800 500	印度河文明（公元前3000—前2000） （有下限至公元前1000年的遗迹） 雅利安人入侵旁遮普地区 梨俱吠陀 吠陀梵书 上古奥义书 六师外道 大雄（公元前478死）	乔达摩·佛陀入灭 公元前485——分别说部的说法 公元前383——说一切有部的说法 公元前544～543——南方佛教诸国的说法 王舍城结集（第一次结集）——佛陀入灭之年 吠舍离结集（第二次结集） 　佛灭后100年——分别部说、法藏部、化地部、雪山部的说法 　佛灭后110年——说一切有部的说法

续　表

年代	一般历史	佛教历史
	《摩诃婆罗多》《罗摩衍那》出现 亚历山大王入侵印度（公元前327） 旃陀罗笈多即位（公元前317）	根本分裂 　佛灭后100年以后黑阿育王治世时期——分别说部的说法 　佛灭后116年阿育王治世时期——有部的说法（无版、明版取160年之说） 　佛灭后137年摩诃帕德摩·难陀治世时期 　佛灭后160年孔雀王朝阿育王治世时期——上座部的说法 　佛灭后200年以前——大众部的说法
300	阿育王即位（公元前268） 征服羯陵伽（公元前261） 提婆南毗耶·帝沙王（斯里兰卡之王，公元前247—前207）	阿育王即位 　佛灭后100年——迦腻色迦王的传承 　佛灭后116年——有部的说法（1） 　佛灭后160年——有部的说法（2） 　佛灭后218年——分别说部的说法 派遣传道史 　摩哂陀长老开教骏迦岛（今斯里兰卡） 　苏拉·邬他那开教金地国（今属缅甸） 华氏城结集（第三次结集） 　佛灭后236年阿育王治世时期——分别说部的说法
200	孔雀王朝灭亡，巽伽王朝兴起（公元前180）	

续表

年代	一般历史	佛教历史
100	梅猛特劳斯王即位（公元前163） 卡拉毗拉王（公元前120） 塞种入侵印度（公元前90—前80） 毗克罗摩纪元（公元前58） 摩奴法典	迦多衍尼子（公元前150） 巴鲁芙托、桑奇大塔及其雕刻 西印度开始建造佛教石窟寺院 《般若经》原形成立 斯里兰卡开始书写三藏 十八或二十部派分裂结束
公元	贵霜王朝扩展势力（30） 释迦纪元（78） 薄伽梵歌	大乘佛教兴起 佛教传入中国
100	案达罗王朝最盛期（90—120） 迦腻色迦王（128—153）	犍陀罗和马土腊雕刻开始兴起、马鸣 《大毗婆沙论》问世 阿摩罗缚提大塔及其雕刻开始建造 龙树（150—250） 提婆（170—270）
200		《解深密经》问世
300	笈多王朝旃陀罗笈多一世即位（320） 沙摩陀罗笈多王（335—375） 旃陀罗笈多二世（375—415）	弥勒（270—350） 无著（310—390） 世亲 古世亲（320—400，称友《俱舍论释疏》中出此名，罗什译世亲撰述《百论》《发菩提心论》等承沿此名） 新世亲（400—480，年代比定据《婆薮槃豆法师传》）

续 表

年代	一般历史	佛教历史
400		法显印度之行(405—410) 那烂陀寺建立 陈那(420—500) 佛音(420—) 法护(470—540) 安慧(470—550)
500	哒哒入侵印度(480) 笈多王朝衰落	清辨(490—570) 戒贤(529—645) 护法(530—561)
600	西藏历史时代 松赞干布王统一西藏(629) 苏门答腊兴起室利佛逝王国	月称(600—650) 佛教传入西藏 玄奘印度之行(630—644) 法称(650) 《大日经》《金刚顶经》问世 义净印度之行(672—685) 寂护(680—740) 金刚乘开祖因陀罗菩提(687—717)
700	商羯罗王(700—750) 波罗王朝建立(750)	莲华生(760C) 婆罗浮屠建造(750—850) 西藏桑耶寺建立(766) 西藏朗达玛王(836—841)灭法 阿底峡(980—1052)
1000	蒲甘王朝（缅甸）创立(1044)	时轮乘兴起(1017—) 佛教传入缅甸 吴哥寺建立(1113)
1200	伊斯兰教徒统治北印度(1205) 斯葛泰依王朝（泰国）创立(1238)	超岩寺烧毁(1203) 佛教文化从斯里兰卡向泰国传播

续 表

年代	一般历史	佛教历史
1400 1900	帖木儿入侵印度(1398) 耆那教开祖纳纳克(1469—1538) 瓦斯科·达·伽马到达印度西海岸(1498) 莫卧儿朝沙·贾汉(1627—1658) 罗摩克利希那传道会建立(1897) 巴基斯坦共和国从印度联邦中分离独立(1947)	宗喀巴(1357—1419) 达赖喇嘛一世(1450) 拉芒国王达摩赛地(1472—1492),建立伽里耶尼戒坛 达磨波罗(1864—1933) 毗木拉奥·拉木奇·安培克(1891—1956) 佛陀逝世二千五百周年庆祝(1956)

参考文献

一、全书的参考著作

BEFEO　*Bulletinde I'École Frangaise d'Extreme-Orient*(《法兰西远东学院院报》)

HCIP　　*The History and Culture of the Indian People*(《印度人民的历史和文化》)

IHQ　　*The Indian Historical Quarterly*(《印度历史季刊》)

JA　　　*Journal Asiatique*(《亚洲杂志》)

MCB　　*Mélanges chinois et bouddhique*(《汉文和佛典杂集》)

SBE　　*Sacred Books of the East*(《东方圣典丛书》)

辻直四郎编:《印度》(南方民族叢书),偕成社,昭和十八(1943)

佐保田鹤治:《印度古代史》,弘文堂,昭和十八(1943)

足利惇氏:《印度史概観》(《印度史概观》),弘文堂,昭和二十二(1947)

岩本裕:《インド史》(《印度史》),修道社,昭和三十一(1956)

中村元:《インド古代史》(《印度古代史》)上、下,春秋社,昭和三十

八、四十一(1963、1966)

宇井伯寿:《印度哲学史》,岩波书店,昭和七、昭和四十(1932、1965)再版

金仓圆照:《インド哲学史》(《印度佛教史》),平楽寺书店,昭和三十七(1962)

中村元:《インド思想史》(《印度思想史》),岩波书店,昭和三十五(1960)

金仓圆照:《印度古代精神史》,岩波书店,昭和十四(1939)

金仓圆照:《印度中世精神史》上、中,岩波书店,昭和二十四、三十七(1949、1962)

金仓圆照:《印度哲学の自我思想》(《印度哲学的自我思想》),大藏出版,昭和二十四(1949)

中村元编:《自我と無我—インド思想と仏教の根本問題》(《自我与无我——印度思想和佛教的根本问题》),平楽寺书店,昭和三十八(1963)

竜山章真:《印度仏教史》(《印度佛教史》),法藏馆,昭和十九(1944)

中村元:《インドの仏教》(《講座仏教》第Ⅲ卷)(《印度佛教》[《佛教讲座》第三卷]),大藏出版,昭和三十四(1959)

山口益、横超慧日、安藤俊雄、舟桥一哉:《仏教学序说》(《佛教学序说》),平楽寺书店,昭和三十六(1964)

中村元、平川彰、玉城康四郎编:《新·仏典解题事典》(《新编佛教解题事典》),春秋社,昭和四十一(1966)

A. L. Basham: *The Wonder that was India*, London, 1954(巴沙姆:

《印度的奇迹》,伦敦,1954)

The Cambridge History of India, Vol. 1, Cambridge, 1922(《剑桥印度史》卷一,剑桥,1922)

Sylvain Lévi: *L'Inde civilisatrice, a persu historique*, Paris, 1938(西尔万·烈维:《印度文化史概要》,巴黎,1938)[山口益、佐々木教悟訳:《インド文化史——上古よりクシャーナ時代まで——》(《印度文化史——上古至贵霜王朝时代》),平楽寺書店,昭和三十三(1958)]

Louis Renou et Jeau Filliozat: *L'Inde classique*, 2 tomes, Paris, 1947, 1953(路易斯·雷诺、琼·费里奥查:《印度古典》,2 卷,巴黎,1947、1953)

Jeannine Auboyer: *La vie quotidienne dans I'Lnde anci-enne*, Paris, 1961(詹尼·奥伯耶:《古代印度日常生活》,巴黎,1961)(English translation by S. W. Taylor, London, 1965)

S. Radhakrishnan: *Indian Philosophy*, 2 Vols., London, 1923(拉达克利希南:《印度哲学》,2 卷,伦敦,1923)

H. Zimmer: *Philosophies of India*, London, 1952(齐默:《印度哲学》,伦敦,1952)

T. W. Rhys Davids: *Buddhist India*, London, 1903(里斯·戴维:《印度佛教》,伦敦,1903)

P. V. Bapat: *2500 Years of Buddhism*, New Delhi, 1956(巴帕:《佛教2500 年》,新德里,1956)

E. Frauwallner: *Die phiLosophie des Buddhismus*, Berlin, 1956(弗

劳瓦纳:《佛教哲学》,柏林,1956)

E. Conze: *Buddhist Thought in India*, London, 1962(康泽:《印度佛教思想》,伦敦,1962)

É. Lamotte: *Histoire du Bouddhisme indien*, Louvain, 1958(拉莫特:《印度佛教史》,卢万,1958)

二、第二章《古代印度的社会和宗教》参考著作

宇井伯寿:《六师外道研究》(《六师外道研究》)(《印度哲学研究》第二),甲子社书店,大正十四(1925);岩波书店,昭和四十(1965)再版。《六十二见论》(《六十二见论》)(《印度哲学研究》第三),甲子社书店,大正十五(1926);岩波书店,昭和四十(1965)再版

金仓圆照:《印度精神文化の研究》(《印度精神文化研究》),培风馆,昭和十九(1944)

辻直四郎:《ヴェーダとウパニシャッド》(《吠陀和奥义书》),创元社,昭和二十八(1953)

R. E. M. Wheeler: *The Indus Civilization*, Cambrige, 1915(惠勒:《印度河文明》,剑桥,1915)[曾野寿彦訳:《インダス文明》(《印度河文明》),みすず书房,昭和四十一(1966)]

H. Oldenberg: *Die Lehre der Upanishaden und die Anfänge des Buddhismus*, Göttingen, 1915(奥尔登伯格:《从奥义书到佛教》,格廷根,1915)[高楠顺次郎、河合哲雄訳:《ウパニシャッドより仏教まで》(《从奥义书到佛教》),大雄阁,昭和五(1930)]

A. B. Keith: *Religion and Philosophy of the Veda and Upanishads*, 2

Vols., Cambridge, 1925(基思:《吠陀和奥义书的宗教和哲学》,2卷,剑桥,1925)

A. L. Basham: *History and Doctrines of the Ājivikas*, London 1951 (巴沙姆:《正命论的历史和教义》,伦敦,1951)

S. A. Dange: *India, from Primitive Communism to Slavery*, Bombay, 1951(丹基:《印度——从原始共产主义到奴隶制度》,孟买,1951)

G. C. Pande: *Studies in the Origines of Buddhism*, Ancient History Research Series Ⅰ, Alla habad, 1957[潘德:《佛教起源之研究》(《古代史研究丛书》Ⅰ)阿拉哈巴德,1957]

D. D. Kosambi: *An Introduction to the Study of Indian History*, Bombay, 1959(高善必:《印度历史研究导论》,孟买,1959)

D. D. Kosambi: *The Culture and Civilization of Ancient India*, London, 1965(高善必:《古代印度的文化和文明》,伦敦,1965)

D. Chattopadhyaya: *Lokāyata, A Study in Ancient Indian Materialism*, New Delhi, 1959(恰托巴底亚耶:《顺世论——古代印度唯物论之研究》,新德里,1959)

R. S. Sharma: *Aspects of Political Ideas and Institutions in Ancient India*, Delhi-Varanasi-Patna, 1959(夏尔马:《古代印度政治思想和风俗之概况》,德里—瓦拉纳西—帕特拉,1959)

三、第三章《乔达摩·佛陀》参考著作

宇井伯寿:《仏滅年代論》(《佛灭年代论》)(《印度哲学研究》第二),甲

子社書房,大正十四(1925);岩波書店,昭和四十(1965)再版

金倉圓照:《釈迦》(《释迦》)(《日本叢書》9),生活社,昭和二十一(1946)

中村元:《ゴータマ・ブッダ》(《释尊传》),法藏館,昭和三十三(1958)

中村元:《ブッダのことば——スッタニペータ》(《佛陀的言教——经集》),岩波書店,昭和三十三(1958)

水野弘元:《釈尊の生涯》(《释尊的生涯》),春秋社,昭和三十五(1960)

雲井昭善:《仏教の伝説》(《佛教的传说》),春秋社,昭和三十五(1960)

干潟竜祥:《本生経類の思想史的研究》(《本生经类思想史的研究》)(同附編全2册),東洋文庫,昭和二十九(1954)

[《ジャータカ概観》(《本生经概观》),鈴木学術財団,昭和三十六(1961)]

岩本裕:《仏教説話》(《佛教故事》),築摩書房,昭和三十九(1964)

H. Oldenberg: *Buddha. Sein Leben, Seine Lehre, Seine Gemeinde*, Berlin, 1881(奥尔登伯格:《佛陀:生平、教义和僧团》,柏林,1881)

J. Przyluski: *La Parinirvāṇa et Les Funérailles du Buddha*, JA 1918—1920(培其尔斯基:《佛陀的涅槃和葬礼》,JA 1918—1920)

R. Pischel: *Leben und Lehre des Buddha*, Leipzig, 1921(皮舍尔:《佛陀的生涯和思想》,莱比锡,1921)[鈴木重信訳:《仏陀の生涯と思想》(《佛陀的生涯和思想》),新光社,大正十一(1922)]

Mrs. Rhys Davids: *Sakya or Buddhist Origins*, London 1931(戴维

斯:《释迦或佛教的起源》,伦敦,1931)

E. Waldschmidt: *Die Ueberlieferung vom Lebensende des Buddha*, Göttingen, 1944—1948(瓦尔德斯米特:《关于佛陀逝世的传说》,格廷根,1944—1948)

M. Ladner: *Gotama Buddha, Seine Werden, Seine Lehre, Seine Gemeinde*, Zürich, 1948(拉德纳:《乔达摩·佛陀:成长、教义和僧团》,苏黎世,1948)

A. Foucher: *La vie du Bouddha d'après Les textes et Les monument de l'lnde*, Paris, 1949(福歇:《佛典中的佛陀及其在印度的遗迹》,巴黎,1949)

H. von Glasenapp: *Buddha, Geschichte und Legende*, Zürich, 1950(格拉泽纳普:《佛陀:历史和传说》,苏黎世,1950)

André Bareau: *La date du Nirvāua*, JA, 1953(巴罗:《佛陀涅槃的年代》,JA,1953)

A. Foucher et J. Auboyer: *Les vies antérieures du Bouddha*, Paris, 1955(福歇、奥伯耶:《佛陀的前生》,巴黎,1955)

四、第四章《初期的佛教教团》参考著作

宇井伯寿:《根本仏教に於ける僧伽の意義》(《原始佛教中僧伽的意义》)(《印度哲学研究》第四),甲子社書房,昭和二(1927);岩波書店,昭和四十(1965)再版

水野弘元:《原始仏教》(《原始佛教》)(サーラ叢書4),平楽寺書店,昭和三十一(1956)

舟桥一哉:《原始仏教思想の研究》(《原始佛教思想研究》),法藏館,昭和三十七(1962)

佐藤密雄:《原始仏教教団の研究》(《原始佛教教団研究》),山喜房,昭和三十八(1963)

平川彰:《原始仏教の研究》(《原始佛教研究》),春秋社,昭和三十九(1964)

早島鏡正:《初期仏教と社会生活》(《初期佛教和社会生活》),岩波書店,昭和三十九(1964)

塚本啓祥:《初期仏教教団史の研究》(《初期佛教教団史研究》),山喜房,昭和四十一(1966)

J. Przyluski: *Le concile de Rājagṛha. Introduction à l'histoire des canons et sectes bouddhiques*, Paris, 1926(培其尔:《王舍城结集——佛教经典和部派历史导论》,巴黎,1926)

M. Hofinger: *Études sur Le concile de Vaiśāli* (Bibliothè-que du Muséon) Vol. 20, Louvain, 1946(霍芬格:《吠舍离城结集之研究》卷 20,卢万,1946)(书评 P. Demiéville: T'oung Pao, Vol. XL. 1951, pp. 241ff)

E. Frauwallner: *Die buddhistischen Konzile*, ZDMG, 1952(弗劳瓦纳:《佛教结集》,ZDMG,1952)

E. Franwallner: *The Earliest Vinaya and the Beginning of Buddhist Literature* (Serie Orientale Roma Ⅷ), Roma, 1956[弗劳瓦纳:《最早的戒律和佛教文献之起源(《东方罗马丛书》Ⅷ),罗马,1956]

A. Bareau: *Les premiers conciles bouddhiques* (Annales du Musée

Guimet, Bibliothèque d'Études, LX), Paris, 1955（巴罗:《佛教早期结集》,巴黎,1955）

N. Dutt: *Early Monastic Buddhism*, 2 Vols., Calcutta, 1941—45 (N. 达特:《早期寺院佛教》2卷,加尔各答,1941—1945)

S. Dutt: *Early Buddhist Monachism*, London, 1924（达特:《早期佛教寺院制度》,2卷,伦敦,1924）

S. Dutt: *Buddhist Monks and Monasteries of India, their History and their Contribution to Indian Culture*, London, 1962（达特:《印度佛教僧人和寺院的历史及其对印度文化的贡献》,伦敦,1962）

五、第五章《孔雀王朝时代佛教的发展》参考著作

宇井伯寿:《阿育王刻文》(《印度哲学研究》第四),甲子社書房,昭和二(1927);岩波書店,昭和四十(1965)再版

宇井伯寿:《阿育王刻文》(《南伝大藏経》第65卷)(《南传大藏经》第65卷),大藏出版,昭和十六(1941)

E. Senart: *Les inscriptions de Piyadasi*, 2 tomes, Paris, 1881—1886（塞纳特:《比耶达希(阿育王)铭文》,2卷,巴黎,1881—1886）(*The Inscriptions of Piyadasi*, English translation by Grierson, XX. 1890),

Vincent A. Smith: *Asoka, the Buddhist Emperon of India*, 3rd ed., Oxford, 1920（史密斯:《阿育王——印度佛教帝王》,第3版,牛津,1920）

D. R Bhandarkar, S. Majumdar: *The Inscriptions of Aśoka*, Calcutta,

1920(班达卡尔、马宗达:《阿育王铭文》,加尔各答,1920)

J. Przyluski: *La Légende de l'Empereur Asoka, dans Les textes indienste chinois* (Annales du Musée Guimet,t. 32),Paris,1923(培其尔斯基:《汉译佛典中所见阿育王传说》,巴黎,1923)

A. C. Woolner: *Asoka, Text and Glossary*, Calcutta, 1924(伍尔纳:《阿育王,铭文及术语汇编》,加尔各答,1924)

E. Hultzsch: *Inscriptions of Asoka*, (Corpus Inscriptionum Indicarum Vol. 1),Oxford,1925[赫尔茨:《阿育王铭文》(《印度铭文全集》卷一),牛津,1925]

D. R. Bhandarkar:*Asoka*,Calcutta, 1925(班达卡尔:《阿育王》,加尔各答,1925)

L. de la Vallée Poussin:*L'Inde aux temps des Mauryas*,Paris,1930(普森:《孔雀王朝时代的印度》,巴黎,1930)

J. Bloch:*Les inscriptions d'Asoka*,Paris, 1950(布洛克:《阿育王铭文》,巴黎,1950)

P H. L. Eggermont: *The Chronology of the Reign of Asoka Moriya*,Leiden, 1956(埃格蒙:《孔雀王朝阿育王时代年表》,莱顿,1956)

R. Thapar:*Aśoka and the Decline of Mauryas*,Oxford, 1961(塔帕尔:《阿育王和孔雀王朝的衰落》,牛津,1961)

六、第六章《印度·希腊王朝与佛教》参考著作

中村元:《インド思想とギリシア思想との交流》(《印度思想和希腊

思想的交流》),春秋社,昭和三十四(1959)

V. Trenckner: *The Milindapañho; Being Dialogues between King Milind and the Buddhist Sage Nāgasena*, London, 1880(特伦克纳:《〈弥兰陀王问经〉弥兰陀王与那先比丘对话集》,伦敦,1880)

P. Demiéville: *Les versions chinoises du Milindapañha*, BEFED. ⅩⅩⅣ, Paris, 1924(戴密微:《〈弥兰陀问经〉的汉译》,巴黎,1924)

W. W. Tarn: *Greeks in Bactria and India*, Ind ed., Cambrige, 1951(塔恩:《大夏国和印度国中的希腊人》,剑桥,1957)

七、第七章《塞种·帕赫拉瓦时代佛教诸部派的动向》参考著作

水野弘元:《仏教の分派とその系統》(《佛教的分派及其系统》)(《講座仏教》第Ⅲ卷),大藏出版,昭和三十四(1959)

静谷正雄编:《インド仏教碑銘目録》(《印度佛教碑铭目录》),平楽寺书店,昭和四十一(1966)

山田龍城:《部派教団の背景》(《部派教团的背景》)(《大乘仏教成立論序説》),平楽寺书店,昭和三十四(1959)

平川彰:《律藏の研究》(《律藏研究》),山喜房,昭和三十五(1960)

前田惠学:《原始仏教聖典の成立史研究》(《原始佛教圣典成立史研究》),山喜房,昭和三十九(1964)

H. Lüders: *A List of Brāhmi Inscriptions, Appendix to Epigraphia Indica*, Vol. Ⅹ, 1912[吕德斯:《婆罗谜字体铭文一览表》(《印度语碑铭研究》卷十附录),1912]

Sten Konow: *Kharosthi Inscriptions (Corpus Inscriptionum*

Indicarum, Vol. Ⅱ, pt. l), Calcutta, 1929 [科诺:《佉卢字体铭文》(《印度铭文全集》卷二), 加尔各答, 1929]

J. E. van Lohuizeen-de leeuw: *The "Scythian" Period*, Leiden, 1949 (洛辉赞德·利乌:《"塞西亚人"时代》, 莱顿, 1949)

J. N. Banerjee: *Schools of Buddhism in Early Indian Inscriptions*, IHQ, 1948(班纳吉:《见于早期印度铭刻中的佛教诸部派》, IHQ, 1948)

A. Bareau: *Les sectes bouddhique du Petit Véhicule*, Saigon, 1955(巴罗:《小乘佛教部派》, 西贡, 1955)

八、第八章《贵霜王朝和有部佛教》参考著作

白鸟库吉:《西域史研究》上, 岩波书店, 昭和十六(1941)

中村元:《大乘仏教成立の社会的背景》(《大乘佛教成立的社会背景》)(宫本正尊编:《大乘仏教の成立史的研究》)(《大乘佛教成立史研究》), 三省堂, 昭和二十九(1954)

佐々木教悟:《クシャーナ時代における仏教の一考察》(《贵霜时代佛教之考察》), 《大谷大学研究年报》第10辑, 大谷学会, 昭和二十九(1954)

金仓圆照:《馬鳴の研究》(《马鸣研究》), 平乐寺书店, 昭和四十一(1966)

Sir John Marshall: *Taxila*, 3 Vols., Cambridge, 1951(约翰·马歇尔:《呾叉始罗》, 3卷, 剑桥, 1951)

A. Foucher: *La vieille route de l'Inde de Bactres à Taxila*, 2 Vols.,

Paris,1947(福歇:《大夏至咀叉始罗的古代通道》,2卷,巴黎,1947)

Henri Deydier:*La Date de Kaniṣka*,JA,1951(戴蒂:《迦腻色迦的年代》,JA,1951)

Henri Deydier:*Contribution à I'étude de l'art du Gand-hāra*,Paris,1950(戴蒂:《健陀罗美术研究之业绩》,巴黎,1950)

Johnston:*The Saundarananda of Aśvaghoṣa*,London,1928,(约翰斯顿:《马鸣的〈美难陀传〉》,伦敦,1928)

H. Lüders:*Brückstücke der KalPanāmaṇḍitikā des Kumā-ralāta*,Leipzig,1926(吕德斯:《童受〈喻鬘论〉残本》,莱比锡,1926)

D. R. Shackleten Bailey:*The Śatapañcaśataka of Mātṛc-eṭa*,Cambrige,1915(沙克尔顿·贝利:《摩特里揭吒的〈百五十赞颂〉》,剑桥,1951)

九、第九章《印度教的形成和大乘佛教》参考著作

辻直四郎:《バガヴアッド・ギーター》(《薄伽梵歌》),刀江书院,昭和二十五(1950)

L. Renou:*L'Hindouisme*(*Collection Que sais-je?* No 475),Paris,1951(雷诺:《印度教》,巴黎,1951)[渡辺照宏、美田稔共訳:《インド教》(《印度教》),白水社,昭和三十五(1960)]

宇井伯寿:《仏教思想研究》(《佛教思想研究》),岩波书店,昭和十八(1943)

宫本正尊:《大乘と小乘》(《大乘与小乘》),八雲书店,昭和十八

(1943)

木村泰賢:《大乘仏教思想論》(《大乘佛教思想论》),明治書院,昭和十九(1944)

宮本正尊:《大乘仏教の成立史的研究》(《大乘佛教成立史研究》),三省堂,昭和二十九(1954)

山田竜城:《大乘仏教成立論序説》(《大乘佛教成立论序说》),平楽寺書店,昭和三十四(1959)

N. Dutt: *Aspects of the Mahāyāna Buddhism and its Relation to Hinayāna*, 1930(达特:《大乘佛教概况及其与小乘之关系》,1930)

椎尾弁匡:《仏教経典概説》(《佛教经典概说》),甲子房書房,昭和八(1933)

望月信亨:《仏教経典成立史論》(《佛教经典成立史论》),法藏館,昭和二十一(1946)

山田龍城:《梵語仏典の諸文献》(《梵语佛典文献汇编》),平楽寺書店,昭和三十四(1959)

中村元編訳:《仏典》Ⅱ(《佛典》Ⅱ)(《世界古典文学全集》),築摩書房,昭和四十(1965)

梶芳光運:《原始般若経の研究》(原始般若经研究),山喜房,昭和十九(1944)

宇井伯寿:《大乘仏典の研究》(《大乘佛典研究》),岩波書店,昭和四十(1965)

中村元、紀野一義訳:《般若心経・金剛般若経》(《般若心经・金刚般若经》)(岩波文庫),岩波書店,昭和三十五(1960)

E. B. Cowell, M. Müller, & J. Takakusu: *Buddhist Mahayana Texts*, SBE(reprint), Delhi, 1965[考埃尔、缪勒、高楠:《佛教大乘经典》,SBEE(重印本),德里,1965]

E. Conze: *The Prajñāpāramitā Literature*, Ś-Graven-hage, 1958(孔泽:《般若波罗蜜多经》,海牙,1958)

E. Conze: *Aṣṭasāhasrikā Prajñāpāramitā*, Calcutta, 1958(孔泽:《八千颂般若波罗蜜多经》,加尔各答,1958)

E. Conze: *The Large Sūtra on Perfect Wisdom*, 1961[孔泽:《论述完美智慧的大经》(译按:当指《大般若经》),1961]

坂本幸男、岩本裕訳:《法華經》上、中(《法华经》上、中),岩波書店,昭和三十七(1962)

南条文雄、泉芳璟訳:《新訳法華經梵漢対照》(《新译法华经:梵汉对照》),尋源会出版部,大正二(1913);平楽寺書店,昭和十六(1941)

岡教邃訳:《梵文和訳法華經》(《梵文和译法华经》),大阪屋号書店,大正十二(1923)

本田義英:《法華經論》(《法华经论》),弘文堂,昭和十九(1944)

紀野一義:《法華經の探求》(《法华经探究》),平楽寺書店,昭和三十六(1961)

坂本幸男編:《法華經の思想と文化》(《法华经的思想与文化》),平楽寺書店,昭和四十(1965);《和辻哲郎全集》第5、19卷,岩波書店,昭和三十九(1964)

E. Burnouf: *Le Lotus de La bonne loi*, 2 Vols., Paris, 1852(伯劳夫:《妙法莲华经》,2卷,巴黎,1852)

H. Kern：*The Saddharmapundarīka or the Lotus of the True Law*，(SBE XXI)，Oxford，1909（克恩：《妙法莲华经》，牛津，1909）

中村元編：《華厳思想》(《华严思想》)，法藏館，昭和三十五(1960)

龍山章真：《梵文和訳十地経》(《梵文和译十地经》)，破塵閣，昭和十三(1938)

中村元、早島鏡正、紀野一義訳：《净土三部経》上、下(《净土三部经》上、下)，岩波書店，昭和三十八(1963)

坂本幸男：《華厳教学の研究》(《华严教学研究》)，平楽寺書店，昭和三十九(1964)

望月信亨：《净土教の起原及発達》(《净土教的起源及发展》)，共立社，昭和五(1930)

A. Ashikaga(éd)：*Sukhāvatīvyūha*，Kyoto，1965（足利編：《阿弥陀经》，京都，1965）

E. Lamotte：*La Concentration de la Marche Héroïque (Śūramgamasamādhisūtra)*，Bruxelles，1965（拉莫特：《首楞严三昧经》，布鲁塞尔，1965）

橋本芳契：《維摩経の思想的研究》(《〈维摩经〉思想研究》)，法藏館，昭和四十一(1966)

É. Lamotte：L'Enseignement de Vimalakīrti，Louvain，1962（拉莫特：《维摩诘经》，卢万，1962）

十、第十章《娑多婆汉那王朝和佛教》参考著作

宮本正尊：《根本中と空》(《中观根本论与空的思想》)，第一書房，昭

和十八(1943)

宫本正尊:《中道思想とその発達》(《中道思想及其发展》),法藏館,昭和十九(1944)

山口益:《中観仏教論攷》(《中观佛教论考》),弘文堂,昭和十九(1944);山喜房,昭和四十(1965)再版

山口益:《般若思想史》,法藏館,昭和二十六(1951)

池田澄達:《根本中論無畏疏訳注》(《根本中论无畏疏译注》),東洋文庫,昭和七(1932)

山口益:《『浄明句論』と名づくる月称造中論釈》I、II(《〈净明句论〉与月称造中论释》I、II),弘文堂,昭和二十三、二十四(1948、1949)

《荻原雲来文集》(《荻原云来文集》)(pp.556—628),荻原博士紀念会,昭和十三(1938)

宇井伯寿:《印度哲学研究》第一,甲子社書房,大正十三(1924);岩波書店,昭和四十(1965)再版

上田義文:《大乘仏教思想の根本構造》(《大乘佛教思想的根本构造》),百華苑,昭和三十二(1957)

山口益:《空の世界》(《空世界》),理想社,昭和二十三(1958)

T. R. V. Murti: *Central Philosophy of Buddhism*, London, 1955 (默蒂:《佛教的基本哲学》,伦敦,1955)

Th. Stcherbatsky: *The Conception of Buddhist Nirvāṇa*, Leningrad, 1927(斯彻巴斯基:《佛教涅槃思想的构成》,列宁格勒,1927)[金岡秀友訳:《大乘仏教概論》(《大乘佛教概论》),理想社,昭和三十二(1957)]

St. Schayer:*Ausgewählte Kapitel aus der Prasannapadā*,Cracovic,1931(沙耶:《〈中论疏〉选》,克拉科夫,1931)

St. Schayer:*Feuer und Brennstoff*(*Rocznik Oriantali styczny* 9),Lwow,1930(沙耶:《火和燃料》,利沃夫,1930)

É. Lamotte:*Madhyamakavrtti XXIIe Chapitre:Examen de I'acte et du fruit*,MCB Ⅳ,pp. 265—288,Bruxelles,1936(拉莫特:《〈中论释〉第二十二章:对业和果的研究》,布鲁塞尔,1936)

J. W. de Jong:*Cing Chapitres de la Prasannapadā*,Paris,1949(琼:《中论疏五章》,巴黎,1949)

J. May:*Prasannapadā Madyamakavrtti*,Paris,1959(梅:《中论疏释》,巴黎,1959)

É. Lamotte:*Le Traité de la grande vertue de Sagesse*,2 Vols.,Louvain,1944,1949(拉莫特:《大智度论》,2卷,卢万,1944,1949)

藤島達明、野上俊静編:《伝灯の聖者——真宗七高僧伝》(《传灯圣者——真宗七高僧传》),平楽寺書店,昭和三十六(1961)

《龍樹菩薩伝》(《龙树菩萨传》)(《大正藏》No.2047)

《提婆菩薩伝》(《提婆菩萨传》)(《大正藏》No.2048)

十一、第十一章《笈多王朝时代的佛教》参考著作

佐藤圭四郎:《グプタ朝(西紀4—8世紀)印度社会の一考察》[《笈多王朝(西纪4—8世纪)印度社会的考察》](《史林》3494,3591),昭和二十六、二十七(1951、1952)

辻直四郎:《史書なき印度の歷史》(《无史书的印度文化》)(《東洋文

化》1),昭和二十五(1950)

中村元:《古代印度の統一國家》(《作为统一国家的古印度》),日本評論社,昭和二十六(1951)

中村元:《インドにおける都市國家と政治思想》(《印度的都市国家和政治思想》)(《史学雑志》)59—1,2,3)

中野義照訳:《カウテイルヤ実利論》(《悏底利耶的〈利论〉》),生活社,昭和十九(1944)

中野義照訳:《マヌ法典》(《摩奴法典》),日本印度学会,昭和二十六(1951)

中野義照訳:《ヤージュニヤヴアルキャ法典》(《耶吉纳伏格亚法典》),中野教授還暦紀念会,昭和二十五(1950)

福島直四郎:《印度言語の系統》(《印度语言系统》),岩波書店,昭和十(1935)

田中於菟弥:《印度思想——文学思想》上、下,岩波書店,昭和九(1934)

逸見梅栄:《印度思想——美術思想》(《印度思想——美术思想》),岩波書店,昭和九(1934)

池田澄達:《マハーバラタとラーマーヤナ》(《"摩诃婆罗多"与"罗摩史诗"》),日本評論社,昭和十七(1942)

井原徹山:《印度教》,大東出版社,昭和十八(1943)

坂井尚夫:《インドの宗教》(《印度的宗教》),山喜房,昭和三十三(1958)

金倉圓照:《印度哲学の根本問題》(《印度哲学的根本问题》),光の書

房,昭和二十三(1948)

R. C. Majumder, & A. S. Altekar: *The Vākāṭaka-Gupta Age*, Banaras, 1946(马宗达、阿尔特卡尔:《婆卡塔伽—笈多时代》,贝拿勒斯,1946)

R. D. Banerji: *The Age of the Imperial Guptas*, Benares, 1933(班纳吉:《笈多帝国时代》,贝拿勒斯,1933)

J. F. Fleet: *Inscriptions of the Early Gupta Kings and their Successors* (*Corpus Inscriptionum Indicarum*, Vol. Ⅲ), Calcutta, 1888[弗利特:《早期笈多帝王及其后继者的碑铭》(《印度铭文全集》卷三),加尔各答,1888]

《高僧法顕伝》(《高僧法显传》)(《大正藏》No. 2085)

Samuel Beal: *The Travels of Fa Hian and Sung Yun, Buddhist Pilgrims, from China to India*, London, 1869(比尔:《法显和宋云从中国到印度朝圣游记》,伦敦,1869)

《大唐西域記》(《大唐西域记》)(《大正藏》No. 2087)

Thomas Watters: *Yung Chwang's Travels in India*, 2 Vols., London, 1904—1905(沃特斯:《玄奘印度旅行记》,2 卷,伦敦,1904—1905)

《大唐大慈恩三藏法師伝》(《大唐大慈恩三藏法师传》)(《大正藏》No. 2503)

Samuel Beal: *The Life of Huen Tsiang*, London, 1888(比尔:《玄奘的生平》,伦敦,1888)

《南海寄帰内法伝》(《南海寄归内法传》)(《大正藏》No. 2125)

J. Takakusu：*A Record of the Buddhist Religion as practised in India and the Malay Archipelago by I-Tsing*，Oxford，1896（高楠：《义净对印度和马来群岛佛教圣迹的记录》，牛津，1896）

《婆藪槃豆法師伝》(《婆薮槃豆法师传》)(《大正藏》No. 2049)

千瀉竜祥：《世親年代再考》，《宮本正尊教授還暦紀念論文集・印度学仏教学論集》(《世亲年代再考》，《宫本正尊教授花甲纪念论文集・印度学佛教学论集》)，三省堂，昭和二十九(1954)

木村泰賢：《阿毘達磨論の研究》(《阿毗达磨论研究》)，明治書院，昭和十二(1937)

木村泰賢：《小乘仏教思想論》(《小乘佛教思想论》)，明治書院，昭和十二(1937)

福原亮厳：《有部阿毘達磨論書の発達》(《有部阿毗达磨论的发展》)，永田文昌堂，昭和四十(1965)

渡辺楳雄：《有部阿毘達磨論の研究》(《有部阿毗达磨论研究》)，平凡社，昭和二十九(1954)

佐佐木現順：《阿毘達磨思想研究》(《阿毗达磨思想研究》)，弘文堂，昭和三十四(1959)

水野弘元：《パーリ仏教な中心とした仏教の心識論》(《以巴利语佛教为中心的佛教心识论》)，山喜房，昭和三十九(1964)

山口益、舟橋一哉：《俱舎論の原典解明(世間品)》(《俱舍论之原著明解(世间品)》)，法藏館，昭和三十(1955)

舟橋一哉：《業の研究》(《业之研究》)，法藏館，昭和二十九(1954)

Th. Stcherbatsky：*The Central Conception of Buddhism*，London，

1923(斯彻巴斯基:《佛教的基本概念》,伦敦,1923)[金岡秀友訳:《小乗仏教概論》(《小乘佛教概论》),理想社,昭和三十八(1963)]

P. H. V. Guenther:*Philosophy and Psychology in the Abhidharma*, 1957(冈瑟:《阿毗达磨的哲学和心理学》,1957)

L. de la Vallée Poussin:*L'Abhidharmakośa de Vasubandhu, traduit et annotée*, 6 Vols., Paris, 1923—1931(普森:《世亲〈阿毗达磨俱舍论〉译注》,6卷,巴黎,1923—1931)

宇井伯寿:《印度哲学研究》第五,甲子社書房,昭和四(1929);岩波書店,昭和四十(1965)再版

宇井伯寿:《印度哲学研究》第六,甲子社書店,昭和五(1930);岩波書店,昭和四十(1965)再版

上田義文:《佛教思想史研究》,永田文昌堂,昭和二十六(1951)

上田義文:《唯識思想入門》(《唯识思想入门》),あそガ書林,昭和三十九(1964)

結城令聞:《心意識よりみたる唯識思想史の研究》(《心意识所见唯识思想史的研究》),東方文化学院,昭和十(1935)

鈴木宗忠:《唯識哲学概説》(《唯识哲学概说》),明治書院,昭和三十二(1957)

勝又俊教:《仏教における心識説の研究》(《佛教心识说研究》),山喜房,昭和三十六(1961)

宇井伯寿:《瑜伽論研究》(《瑜伽论研究》),岩波書店,昭和三十三(1958)

宇井伯寿:《菩薩地索引:梵漢対照》(《梵汉对照菩萨地索引》),鈴木

学術財団,昭和三十六(1961)

宇井伯寿:《大乗荘厳経論研究》(《大乘庄严经论研究》),岩波書店,昭和三十六(1961)

G. M. Nagao: *Index to the Mahāyana-Sūtrālaṁkāra*, 2 Vols., Tokyo, 1958, 1961(纳高:《大乘庄严经论索引》,2卷,东京,l958,1961)

山口益訳註:《中邊分別論釈疏》(《中边分别论释疏》),破塵閣,昭和十(1935);铃木学術財団,昭和四十一(1966)再版

山口益編:《漢藏対照辨中邊論》(《汉藏对照辨中边论》),破塵閣,昭和十二(1937);铃木学術財団,昭和四十一(1966)再版

宇井伯寿:《宝性論研究》(《宝性论研究》),岩波書店,昭和三十四(1959)

宇井伯寿:《摂大乗論研究》(《摄大乘论研究》),岩波書店,昭和七(1932),昭和四十一(1966)再版

結城令聞:《世親唯識の研究》上(《世亲唯识研究》上),青山書院,昭和三十一(1956)

宇井伯寿:《唯識二十論研究:四訳対照》[《唯识二十论研究(四种译文对照)》],岩波書店,昭和三十一(1956)

宇井伯寿:《安慧·護法唯識三十頌釈論》(《安慧·护法唯识三十颂释论》),岩波書店,昭和二十七(1952)

山口益、野沢静証:《世親唯識の原典解明》(《世亲唯识原著明解》),法藏館,昭和二十八(1953)

山口益:《世親の成業論》(《世亲成业论》),法藏館,昭和二十六

(1951)

山口益:《世親の浄土論》(《世亲净土论》),法藏館,昭和三十七(1962)

中村瑞隆:《勝鬘経》(《胜鬘经》),宝文館,昭和三十五(1960)

S. Mookerji: *The Buddhist Philosophy of Universal Flux*, Calcutta, 1953(穆克吉:《佛教诸行无常的哲学》,加尔各答,1953)

É. Lamotte: *Sandhinirmocanasūtra*, Louvain, 1953(拉莫特:《解深密经》,卢万,1953)

D. T. Suzuki: *The Laṅkāvatārasūtra*, London, 1932(reprint 1956)[铃木大拙:《入楞伽经》,伦敦 1932(1956 重印)]

D. T. Suzuki: *Studies in the Laṅkāvatārasutra*, London, 1930(铃木大拙:《入楞伽经研究》,伦敦,1930)

E. Conze: *Abhisamayālamkāra*, Roma, 1954(孔泽:《现观庄严论》,罗马,1954)

Madhyāntavibhāgatikā de Sthiramati, Exposition systhé-matique du Yogācāravijñaptivāda, éd. par S. Yamaguchi, Nagoya, 1934(reprint, Suzuki Research Foundation, 1966)[山口益:《安慧〈辩中边论注〉——对瑜伽行派唯识论的系统阐释》,名古屋(1934 铃木学术财团,1966 年重印)]

J. Takasaki: *A study on the Ratnagotravibhāga*, Roma, 1966(高崎:《宝种分别论研究》,罗马,1966)

É. Lamotte: *La Somme des grands véhicule d'Asaṅga*, 2 Vols., Louvain, 1938—1939(拉莫特:《无著的〈摄大乘论〉》,2 卷,卢万,

1938—1939）

十二、第十二章《笈多王朝分裂后的佛教》参考著作

宇井伯寿：《大乘起信論》（《大乘起信论》），岩波書店，昭和十一（1936）

望月信亨：《大乘起信論》（《大乘起信论》），富山房

D. T. Suzuki：*Aśvaghoṣa's Awakening of Faith in the Mahāyana*, Chicago, 1900（铃木大拙：《马鸣的〈大乘起信论〉》，芝加哥，1900）

宇井伯寿：《陳那著作の研究》（《陈那著作研究》），岩波書店，昭和三十三（1958）

山口益：《仏教に於ける無と有との対論》（《佛教中无和有的论辩》），弘文堂，昭和十七（1942）；山喜房，昭和三十九（1964）再版

安井広済：《中観思想の研究》（《中观思想研究》），法藏館，昭和三十六（1961）

野沢静証：《大乗仏教瑜伽行の研究》（《大乘佛教瑜伽行研究》），法藏館，昭和三十二（1957）

西尾京雄：《仏地経論の研究》（《佛地经论研究》），破塵閣，昭和十五（1940）

金倉圓照：《悟りへの道》（《通向觉悟之道》），平楽寺書店，昭和三十四（1959）

Takashi Hirano：*An Index to the Bodhicaryāvatara Pañ-jikā, Chap. IX*, Tokyo, 1966（平野隆志：《〈菩提行经注〉索引》，东京，1966）

宇井伯寿：《東洋の論理》(《东洋的论理》)，青山書院，昭和二十五(1950)

北川秀則：《インド古典倫理学の研究》(《印度古典伦理学研究》)，铃木学術財団，昭和四十(1965)

Th. Stcherbatsky：*Buddhist Logic*, 2 Vols., Bibliotheca Buddhica No. 26, Leningrad, 1930, 1932(Indo-Iranian Reprint IV, 1958)[斯彻巴斯基：《佛教逻辑》，2卷，佛教文库 No. 26，列宁格勒，1930，1932(印度-伊朗语重印本 IV, 1958)]

金倉圓照：《吠檀多哲学の研究》(《吠檀多哲学研究》)，岩波書店，昭和七(1932)

中村元：《初期のヴェーダーンタ哲学》(《初期的吠檀多哲学》)，岩波書店，昭和二十五(1950)

十三、第十三章《波罗王朝和密教》参考著作

金山正好：《東亞仏教史》(《东亚佛教史》)，理想社，昭和十七(1952)

栂尾祥雲：《秘密仏教史》(《秘密佛教史》)，密教文化研究所，昭和八(1933)

宮坂宥勝：《インドの密教》(《印度密教》)(講座仏教Ⅲ)，大藏出版，昭和三十四(1959)

V. A. Smith：*The Early History of India*, Chap XIV, Oxford, 1924(1949)[史密斯：《印度早期历史》第十四章，牛津，1924(1949)]

P. L. Paul：*The Early History of Bengal*, 2 Vols., Calcutta, 1939—1940(保罗：《孟加拉早期历史》，2卷，加尔各答，1939—

1940)

K. M. Munshi: *The Age of Imperial Kanauji*, Chap. Ⅲ, Ⅳ, Ⅺ, (HCIP, Vol. Ⅳ), Bombay, 1955(蒙西:《曲女城帝国时代》第三、四、十一章,孟买,1955)

K. M. Munshi: *The Struggle for Empire*, Chap. Ⅱ, Ⅳ, ⅩⅥ(HCIP, Vol. Ⅴ), Bombay, 1957(蒙西:《为帝国而斗争》第二、四、十六章,孟买,1957)

A. Getty: *Gods of Northern Buddhism*, Oxford, 1914(格蒂:《北传佛教的诸神》,牛津,1914)

B. Bhattacharya: *An Introduction to Buddhist Esoterism*, Calcutta, 1932(巴达恰利耶:《佛教密宗导论》,加尔各答,1932)[神代峻通訳:《インド密教学序説》(《印度密教学序说》),密教文化研究所,昭和三十七(1962)]

H. von. Glasenapp: *Buddhistische Mysterien*, Stuttgart, 1940(格拉泽纳普:《佛教的秘密宗教仪式》,斯图加特,1940)

S. Dasgupta: *Obscure Religious Cults*, Calcutta, 1952(达斯古普特:《隐秘的宗教祭礼》,加尔各答,1952)

S. Dasgupta: *An Introduction to Tāntric Buddhism*, Calcutta, 1950(达斯古普特:《密宗佛教导论》,加尔各答,1950)

R. C. Mitra: *The Decline of Buddhism in India*, Visvabharati, 1954(米特拉:《佛教在印度的衰落》,维斯沃帕罗底,1954)

A. Bareau: *Der indische Buddhismus* (*Die Religion Indiens*, Bd. Ⅲ), Stuttgart, 1964(巴罗:《印度佛教》,斯图加特,1964)

Y. Matsunaga: *Indian Esoteric Buddhism, as studied in Japan*[松永有见:《印度密宗佛教论文集》,密教文化研究所,昭和四十(1965)]

Yuichi Kajiyama: *An Introduction to Buddhist Philosophy, Annoted translation of the Tarkabhāsa of Moksakāragupta*, Kyoto, 1966(梶山佑一.:《佛教哲学导论——解脱护〈正理引言〉译注》,京都,1966)

十四、第十四章《伊斯兰教徒的侵入和佛教的灭亡》参考著作

荒松雄:《イスラム支配体制とイント社会》(《伊斯兰教统治体制和印度社会》)(世界の歷史13),築摩書房,昭和三十九(1964)

十五、第十五章《印度的佛教复兴运动》参考著作

木村日紀:《印度現代思潮》(《印度现代思潮》),岩波書店,昭和十(1935)

高崎直道:《インド・セイロン》(《印度·斯里兰卡》)(講座近代佛教Ⅰ),法藏館,昭和三十八(1963)

藤吉慈海訳:《ダルマパーラの生涯》(《达磨波罗的生涯》),樹昌院,昭和三十八(1963)

V. B. Kadam: *Notable Dates in the Life of Dr. Ambedkar*, *Milind Maha Vidyalaya Magazine*, Vol. Ⅶ, Aurangabad, 1957(卡当姆:《安培克一生的重要时期》,奥兰加巴德,1957)

附录一《印度佛教美术的发展》参考著作

高田修:《印度・南海の仏教美術》(《印度・南海的佛教美術》),創芸社,昭和十八(1943)

逸見梅栄、高田修:《印度美術史》(《印度美術史》),創芸社,昭和十九(1944)

高田修:《印度仏教美術研究の成果》(《印度佛教美術研究成果》),每日新聞社,昭和二十三(1948)

佐和隆研:《東南アジアの美術》(《东南亚的美術》)(仏教芸術58),每日新聞社,昭和四十(1965)

町田甲一、深井晋司:《東洋美術史要説》上(《东洋美術史要说》上),吉川弘文館,昭和三十(1955)

A. Grünwedel: *Buddhistische Kunst in Indien*, Berlin, 1893(English translation by J. Burgess: *Buddhist Art in India*, London, 1901)(格林韦德尔:《印度佛教美術》,柏林,1893)[前田慧雲訳:《仏教美術》(《佛教美術》),明治三九(1906)]

V. A. Smith: *A History of Fine Art in India & Ceylon*, 2nd. ed., Oxford, 1930(史密斯:《印度和斯里兰卡美術史》,第2版,牛津,1930)

A. K. Coomaraswamy: *History in Indian and Indonesian Art*, London, 1927(库马拉斯瓦米:《印度和印度尼西亚美術史》,伦敦,1927)[山本智教訳:《印度及東南亞細亞美術史》(《印度及东南亚美術史》),北海出版社,昭和十九(1944)]

J. Ph. Vogel: *Buddhist Art in India*, Ceylon & Java, Oxford, 1936

(沃格尔:《印度、斯里兰卡和爪哇佛教美术》,牛津,1936)[山本晃绍译:《インド・セイロン・ジャワの仏教美術》(《印度、斯里兰卡和爪哇佛教美术》),昭和十九(1944)]

H. Zimmer: *The Art of Indian Asia*, New York, 1955(齐默:《亚洲印度艺术》,纽约,1955)

B. Rowland: *The Art and Architecture of India*, London, 1956(罗兰:《印度的美术和建筑》,伦敦,1956)

D. Seckel: *The Art of Buddhism*, Methuen-London, 1964(塞克尔:《佛教艺术》,梅图恩—伦敦,1964)

H. G. Franz: *Buddhistische Kunst Indiens*, Leipzig, 1965(弗朗兹:《印度佛教美术》,莱比锡,1965)

A. Foucher: *L'art greco-bouddhique de Gandhāra*, 4 Vols., Paris, 1905—1951(福歇:《犍陀罗希腊佛教艺术》,4卷,巴黎,1905—1951)

H. Deydier: *Contribution à l'étude de l'art du Gandhāra*, Paris, 1950(戴蒂:《犍陀罗艺术研究》,巴黎,1950)

J. Marshall: *The Buddhist Art of Gandhāra*, Cambridge, 1960(马歇尔:《犍陀罗佛教美术》,剑桥,1960)

附录二《佛教向印度周围诸地域的传播》参考著作

1. 东南亚

仏教研究会编:《南方圏の宗教》(《南方圈的宗教》),大東出版社,昭和十七(1942)

竜山章真:《南方仏教の様態》(《南方佛教的样态》),弘文堂,昭和十七(1942)

干潟竜祥:《南方の仏教》(《南方的佛教》),大藏出版,昭和三十四(1959)

水野弘元:《仏教を中心としたセイロンの歴史》(《以佛教为中心的斯里兰卡历史》)(《駅沢史学》第 3 号),昭和二十八(1953)

赤沼智善訳:《ビガンデー氏緬甸仏伝》(《毕甘地氏缅甸佛教》),無我山房,大四(1915)

佐佐木教悟:《タイ族の仏教受容について》(《关于傣族的佛教接受》)(仏教史学 7—2),昭和二十三(1958)

石田幹之助:《南海に関すゐ支那史料》(《有关南海的中国史料》),生活社,昭和二十四(1949)

S. C. Eliot: *Hinduism and Buddhism*, 3 Vols., London, 1921(埃利奥特:《印度教和佛教》,3 卷,伦敦,1921)

G. Coedès: *Histoire ancienne d'États hindouismes d'Extrême-Orient*, Hanoi, 1944(科戴:《远东印度教国家古代史》,河内,1944)

R. de Berval, èd: *Présence du bouddhisme*, Saigon, 1959(帕瓦编:《佛教的影响》,西贡,1959)

E. Zürcher: *Buddhism, its Origine and Spread in Words' Maps and Pictures*, New York, 1962(朱切尔:《佛教词语图画的起源和传播》,纽约,1962)

J. Auboyer: *Les arts de l'Asie orientale et de l'Extreme Orient (Collection Que sais-je?)*, Paris, 1964(奥伯耶:《东亚和远东的美

术》,巴黎,1964)[真鍋俊照訳:《東アジアの美術》(《东亚的美术》)(クセジエ文庫),白水社,昭和四十(1965)]

E. W. Adikaram: *Early History of Buddhism in Ceylon*, Colombo, 1946(阿迪卡罗姆:《斯里兰卡早期佛教史》,科伦坡,1946)

W. Rahula: *History of Buddhism in Ceylon*, Colombo, 1956(罗睺罗:《斯里兰卡佛教史》,科伦坡,1956)

A. Metteya: *Die Religion von Burma*, Breslau, 1911(梅特亚:《缅甸的宗教》,布雷斯劳,1911)

N. R. Ray: *Theravāda Buddhism in Burma*, Calucatta, 1946(雷:《缅甸上座部佛教》,加尔各答,1946)

T. O. Ling: *Buddhism and the Mythology of Evil*, London, 1962(林:《佛教和罪恶神话》,伦敦,1962)

P. Dhaninivat, K. B.: *A History of Buddhism in Siam* (*The Encyclopaedia of Buddhism of the Goverment of Ceylon*), (reprint), Bangkok, 1960[达尼尼瓦:《泰国佛教史》(斯里兰卡佛教百科全书)重印本,曼谷,1960]

L. B. Buribhand: *The History of Buddhism in Thailand*, Bangkok, 1955(伯里班德:《泰国佛教史》,曼谷,1955)

Suriyabongs: *Buddhism in Thailand*, Bangkok, 1955(萨里耶邦:《泰国佛教》,曼谷,1955)

B. Ph. Groslier: *Angkor*, Paris, 1956(格劳斯里:《吴哥城》,巴黎,1956)

P. Mus: *Barabudur*, 2 Vols., Hanoi, 1935(穆斯:《婆罗浮屠》,2卷,

河内,1935)

2. 西域·中国

羽溪了諦:《西域の仏教》(《西域的佛教》),森江書店,大正十二(1923)

羽田亨:《西域文明史概論》(《西域文明史概论》),弘文堂,昭和六(1931)

羽田亨:《西域文化史》,座右宝刊行会,昭和二十三(1948)

石浜純太郎:《西域古代語の仏典》(《西域古代语言佛典》)(西域文化研究Ⅳ),法藏館,昭和三十六(1961)

井ノ口泰淳:《トカラ語及びウテン語の仏典》(《吐火罗语和于阗语佛典》)(西域文化研究Ⅳ,別冊),法藏館,昭和三十六(1961)

熊谷宣夫:《西域の美術》(《西域的美术》)(西域文化研究Ⅳ),法藏館,昭和三十七(1962)

A. Stein:*Ruins of Desert Cathay*,2 Vols.,London,1912(斯坦因:《中国沙漠的遗迹》,2卷,伦敦,1912)

A. Grünwedel:*Die buddhistische kultstätten in Chinesisch-Turkestan*,Berlin,1912(格林韦德尔:《中国新疆佛教寺庙》,柏林,1912)

A. Stein:*Serindia*,5 Vols.,Oxford,1921(斯坦因:《塞林迪亚》,5卷,牛津,1921)

F. Waldschmidt:*Gandhara Kutscha Turfan*,Leipzig,1925(瓦尔德斯米特:《犍陀罗·龟兹·吐鲁番》,莱比锡,1925)

A. F. Wright:*Buddhism in Chinese History*,Stanford-London,1959

(赖特:《中国历史上的佛教》,斯坦福—伦敦,1959)

E. Zürcher: *The Buddhist Conquest of China. The Spread and Adaptation of Buddhism in Early Medieval China*, Leyden, 1959
(朱切尔:《佛教征服中国:佛教在早期中古中国的传播和接受》,莱顿,1959)

多田等観:《チベット》(《西藏》)(岩波新書),岩波書店,昭和十七(1942)

長尾雅人:《西藏仏教研究》(《西藏佛教研究》),岩波書店,昭和二十九(1954)

佐藤長:《古代チベット史研究》(《古代西藏史研究》)上、下,東洋史研究会,昭和三十三、三十四(1958、1959)

稲葉正就、佐藤長訳:《フウランデプテル》(《红史》),法藏館,昭和三十九(1964)

長沢和俊:《チベット——極奥アジアの歴史と文化》(《西藏——亚洲腹地的历史和文化》),校倉書房,昭和三十九(1964)

中國边疆歷史語文学会:《西藏研究》,台北,1958

吕澂:《西藏佛学原论》,上海,1933

L. A. Wadell: *The Buddhism of Tibet or Lamaism*, London, 1895
(沃德尔:《西藏佛教或喇嘛教》,伦敦,1895)

S. C. Bell: *The Religion of Tibet*, 1931(贝尔:《西藏的宗教》,1931)
[桥本光宝訳:《西藏の喇嘛教》(《西藏的喇嘛教》),法藏館,昭和十七(1942)]

G. Tucci: *Indo-Tibetica*, 7 Vols. Roma, 1931—1941(杜茨:《印度—

西藏》,7卷,罗马,1931—1941)

G. Tucci: *Tibetan Painted Scrolls*, 3 Vols., Roma, 1949(杜茨:《西藏插图经卷》,3卷,罗马,1949)

S. Hummel: *Geschichte der tibetischen kunst*, Leipzig, 1953(胡梅尔:《西藏艺术史》,莱比锡,1953)

H. Hoffman: *Die Religion Tibets*, Munich, 1956(霍夫曼:《西藏的宗教》,慕尼黑,1956)(English translation by E. Fitzgrerald: *The Religion of Tibet*, London, 1961)

M. Lalou: *Les religions du Tibet*, Paris, 1957(拉劳:《西藏的宗教》,巴黎,1957)

R. A. Stein: *La civilisation tibétaine*, Paris, 1962(斯坦因:《西藏的文化》,巴黎,1962)

P. Demiéville: *Le Concile de Lhasa une controverse sur lequiétisme entre bouddhistes de l'Inde et de la Chine auVIII$_e$ siecle de l'ère Chrétienne*, Paris, 1952(戴密微:《吐蕃僧诤记》,巴黎,1952)

图书在版编目(CIP)数据

印度佛教史概说/(日)佐佐木教悟等著;杨曾文,姚长寿译. —上海:复旦大学出版社,
2020.8(2024.10重印)
ISBN 978-7-309-15098-8

Ⅰ.①印… Ⅱ.①佐… ②杨… ③姚… Ⅲ.①佛教史-印度 Ⅳ.①B949.351

中国版本图书馆 CIP 数据核字(2020)第 099863 号

印度佛教史概说
(日)佐佐木教悟 等 著
杨曾文 姚长寿 译
出 品 人/严 峰
责任编辑/陈 军
装帧设计/马晓霞

复旦大学出版社有限公司出版发行
上海市国权路 579 号 邮编:200433
网址:fupnet@fudanpress.com http://www.fudanpress.com
门市零售:86-21-65102580   团体订购:86-21-65104505
出版部电话:86-21-65642845
江阴市机关印刷服务有限公司

开本 787 毫米×1092 毫米 1/32 印张 6.375 字数 117 千字
2020 年 8 月第 1 版
2024 年 10 月第 1 版第 3 次印刷

ISBN 978-7-309-15098-8/B·726
定价:32.00 元

如有印装质量问题,请向复旦大学出版社有限公司出版部调换。
版权所有 侵权必究